Claudia Schulte zur Surlage

# Kaufmann/Kauffrau für Büromanagement

## Lerntrainer Wahlqualifikation Modul Auftragssteuerung und -koordination – mit Übungen –

Bestell-Nr. 2314

u-form Verlag · Hermann Ullrich GmbH & Co. KG

## Deine Meinung ist uns wichtig

Du hast Fragen, Anregungen oder Kritik zu diesem Produkt?
Das u-form Team steht dir gerne Rede und Antwort.
Einfach eine kurze E-Mail an **feedback@u-form.de**

6. Auflage 2025 · ISBN 978-3-95532-314-1

© u-form Verlag | Hermann Ullrich GmbH & Co. KG
Cronenberger Straße 58 | 42651 Solingen
Telefon: 0212 22207-0 | Telefax: 0212 22207-63
Internet: www.u-form.de | E-Mail: uform@u-form.de

## Inhalt


**Vorwort** ... 5

Lernen im Team ... 6

Hilfe für den Report ... 7

Die vier Stationen der Auftragssteuerung und -koordination ... 8

**1. Fit in der Auftragsinitiierung** ... 9

- 1.1 Kunden produktspezifisch und kaufmännisch beraten ... 10
- 1.2 Angebotsgrundlagen und -alternativen mit dem Kunden entwickeln ... 36
- 1.3 Ergänzenden Service anbieten ... 51
- 1.4 Kalkulationsdaten für Angebote einholen ... 54
- 1.5 Angebote erstellen ... 62
- 1.6 Auftragseingang prüfen, Auftrag bestätigen ... 64

**2. Fit in der Auftragsabwicklung** ... 76

- 2.1 Zeit- und Ressourcenplan in Abstimmung mit den Beteiligten erstellen ... 77
- 2.2 Auftragsrelevante Beschaffung sicherstellen ... 92
- 2.3 Auftragsbegleitend mit Kunden kommunizieren ... 117
- 2.4 Soll- und Ist-Vergleich der Leistungserbringung durchführen, bei Bedarf nachsteuern ... 119
- 2.5 Abnahme der Leistung veranlassen ... 125

**3. Fit im Auftragsabschluss** ... 128

- 3.1 Auftragsdokumentation vervollständigen und bearbeiten ... 129
- 3.2 Aufträge nachkalkulieren ... 132
- 3.3 Aufträge fakturieren, Kundenrechnungen erstellen ... 134
- 3.4 Zahlungseingänge überwachen und bei Bedarf Maßnahmen einleiten ... 141

**4. Fit in der Auftragsnachbereitung** ... 146

- 4.1 Kundenzufriedenheit ermitteln und auswerten ... 147
- 4.2 Maßnahmen zur Kundenbindung initiieren ... 150
- 4.3 Kundenreklamationen bearbeiten ... 158
- 4.4 Probleme in Auftragsprozessen identifizieren und analysieren ... 160
- 4.5 Problemlösungen vorschlagen ... 166

**Anhang – Der Report** ... 175

**Lösungen** ... 177

# Verzeichnis der Übungen


Übung 1 4-Ohren-Modell ... 21
Übung 2 Fehler im Kundengespräch ... 31
Übung 3 Positive Merkmale eines Verkaufsgesprächs ... 33
Übung 4 Optimierung von Kundengesprächen ... 35
Übung 5 AGB ... 48
Übung 6 Verkaufspreis kalkulieren ... 55
Übung 7 Handlungskosten ... 57
Übung 8 Deckungsbeitragsrechnung ... 60
Übung 9 Angebot schreiben ... 63
Übung 10 Zustandekommen eines Kaufvertrags ... 69
Übung 11 Zustandekommen eines Kaufvertrags ... 71
Übung 12 Auftragseingang ... 73
Übung 13 Ressourcenplanung ... 83
Übung 14 Ablaufdiagramm ... 85
Übung 15 Personalbeschaffung ... 90
Übung 16 Personalressourcen beurteilen ... 91
Übung 17 Nettobedarf berechnen ... 97
Übung 18 Angebotsvergleich ... 100
Übung 19 Angebotsannahme prüfen ... 106
Übung 20 Mindest-, Melde- und Höchstbestand ... 108
Übung 21 Mahnschreiben formulieren ... 113
Übung 22 Nicht-Rechtzeitig-Lieferung ... 115
Übung 23 Beschäftigungsabweichung berechnen ... 124
Übung 24 Leistungsabnahme ... 127
Übung 25 Abschlussdokumentation ... 130
Übung 26 Nachkalkulation ... 133
Übung 27 Zahlungsverzug ... 145
Übung 28 Fragebogen zur Kundenzufriedenheit ... 149
Übung 29 Kundenlebenszyklus ... 153
Übung 30 Kundenbindungsprogramme ... 157
Übung 31 Kosten-Nutzen-Analyse ... 171
Übung 32 Umgang mit Beschwerden ... 173

**Hinweis**

Zusatzinfos und Report-Leitfäden kannst du hier herunterladen:

**www.u-form.de/addons/2314-2025.zip**

## In die richtige Richtung!

Die Auftragsbearbeitung ist ein Kreislauf aufeinanderfolgender Prozesse: Ist eine Aufgabe abgeschlossen, folgt die nächste. Das Auftragskarussell dreht sich immer weiter – solange die Kunden mitfahren.

Eine gute Auftragslage ist der Antrieb jedes Unternehmens: Ohne Aufträge kein Umsatz. Ein Mitarbeiter, der die Auftragssteuerung in jedem Moment sicher lenkt, nach vorne blickt und auch in Problemsituationen kompetent und souverän entscheidet, sorgt für glückliche Kunden, geordnete Abläufe ohne Terminstress und eine stabile wirtschaftliche Positionierung der Firma.

Keine leichte Aufgabe, aber Du hast die richtige Fahrkarte in der Hand. Mit Organisationstalent und den fundierten kaufmännischen Kenntnissen, die Du Dir in Deiner Ausbildung erarbeitest, verwandelst Du diese Herausforderung mit Leichtigkeit in beruflichen Erfolg.

Für das Basiswissen steht Dir unser Lerntrainer PLUS zur Verfügung. Das vorliegende Modulheft ist speziell auf die Wahlqualifikation Auftragssteuerung und -koordination ausgerichtet.

Es liefert Dir nützliches Prüfungswissen und praktische Übungen, mit denen Du Dich auf die Reporte und die Fachaufgaben der mündlichen Prüfung vorbereiten kannst. Unter der Rubrik *Nachgefragt!* erhältst Du zusätzlichen Input zu Aspekten, bei denen die Prüfer möglicherweise nochmal nachhaken.

Also, keine Panik! Ausgestattet mit diesem Wissenspaket und der Fähigkeit, logische Abläufe auf der Basis rechtlicher Grundlagen abzuwickeln, wirst Du vor der IHK glänzen und bei der Bearbeitung aller Aufträge im Berufsalltag ein gern gefragter Ansprechpartner sein.

CHECK

Basis-Prüfungswissen findest Du in den **Lernkarten PLUS**, Bestell-Nr. 2304 und in den **Lernkarten Abschlussprüfung**, Bestell-Nr. 2300.

## Hallo! Im Team zum Abschluss

*Lea*

*Kevin*

*Hannah*

*Emir*

**PRIMA Kölsch,**
Privatbrauerei GmbH & Co. OHG
mit Azubi Lea De Luca

**Lila Lounge GmbH,**
Möbelhersteller mit Azubi
Kevin Grabowski

**Lampen Himmel GmbH & Co. KG,** Groß- und Einzelhandel
mit Azubi Hannah Meyer

**Second Sight Ltd.**
Internationale Marketing
Agentur mit Azubi Emir Birol

Liebe Auszubildende, lieber Auszubildender,

die Steuerung und Koordination der Aufträge ist ein richtig großes Thema. Wir haben uns eine Menge vorgenommen, aber am Ende wollen wir selbstbewusst durch die Prüfung schreiten und im Berufsleben als gut ausgebildete Kaufleute für Büromanagement in jeder Phase eines Auftrags die richtige Entscheidung treffen!

Ein Auftrag ist kein theoretisches Konstrukt, sondern PRAXIS pur. Deshalb dienen unsere Ausbildungsbetriebe als Musterfirmen für zahlreiche Übungen.

Sie helfen Dir in der mündlichen Prüfung, die gestellte Fachaufgabe zu lösen.

Unsere Firmen sind jetzt auch die fiktiven Handlungsorte für die neuen u-form Report-Leitfäden. Die Muster-Aufbauanleitungen zeigen Dir, wie es geht!

Gut planen, immer den Überblick behalten, den Kunden gegenüber freundlich und überzeugend auftreten und ihnen mit Flexibilität und Kreativität begegnen – das sind die I-Tüpfelchen bei der Auftragsbearbeitung. Denn am Ende zählt nicht nur das Wissen über die Themen der Auftragssteuerung und -koordination, sondern auch Deine persönliche Kompetenz. Glänze durch: Kommunikationsstärke, Zielstrebigkeit, Handlungskompetenz, Selbstsicherheit, Ordnungssinn und Selbstmanagement.

Bis zur Prüfung geben wir noch einmal Gas und achten darauf, dass wir unser Zeitmanagement im Griff haben. Ein strukturiertes Lerntraining und das Setzen von Prioritäten ist das A und O, damit wir überzeugend vor dem Prüfungsausschuss stehen.

Merk Dir für den Prüfungstag: Setz Dich nicht unter Druck, nutze die gegebene Zeit, um sie mit klaren und deutlichen Formulierungen zu füllen und sei motiviert, Dein Ziel zu erreichen. Plane Deine Aufgabe! Führe Deine Aufgabe durch! Kontrolliere sie!

Let's go!

*Lea, Kevin, Hannah und Emir*

## NEU! Hilfe für den Report in Auftragssteuerung und -koordination

## Sensationell einfach: Wie Du einen gelungenen Report schreibst!

**Neu** im u-form Lerntrainer Wahlqualifikation Auftragssteuerung und -koordination: die **Hilfen für den Report**.

Du hast Dich für die mündliche Prüfung nicht für die klassische Variante, sondern für das Modell „**Report**" entschieden? Dann schreibst Du in Deinen beiden Wahlqualifikationen einen dreiseitigen Report über eine betriebliche Fachaufgabe, die Du tatsächlich durchgeführt hast.

Wie Du den Report aufbaust, zeigen Dir die neuen **u-form Report-Leitfäden**. Sie sind als Inspiration zu verstehen. Du behandelst selbstverständlich Deine eigene Aufgabe. Als Themen eignen sich beispielsweise „Quantitativer und qualitativer Angebotsvergleich", „Maßnahmen zur Kundenbindung initiieren", „Deckungsbeiträge als Grundlage für wirtschaftliche Entscheidungen ermitteln" oder „Durchführen eines Mahnverfahrens".

Deine eigene kreative Leistung kann Dir keiner abnehmen, aber die u-form **Report-Leitfäden** vereinfachen die Sache!

**Hier herunterladen: www.u-form.de/addons/2314-2025.zip**

Alle Personen, Unternehmen und Handlungen im Text sind frei erfunden. Eventuelle Ähnlichkeiten mit realen Personen sind rein zufällig.

# Die vier Stationen der Auftragssteuerung und -koordination

## Große Fische

Jeden Tag ziehen die Unternehmen ihre Fische an Land: Die Aufträge. Die Abwicklung eines Auftrags löst unzählige einzelne Arbeitsschritte aus, die tagtäglich zu erledigen sind. Diese sind auf die vier großen Stationen der Auftragssteuerung und -koordination aufgeteilt:

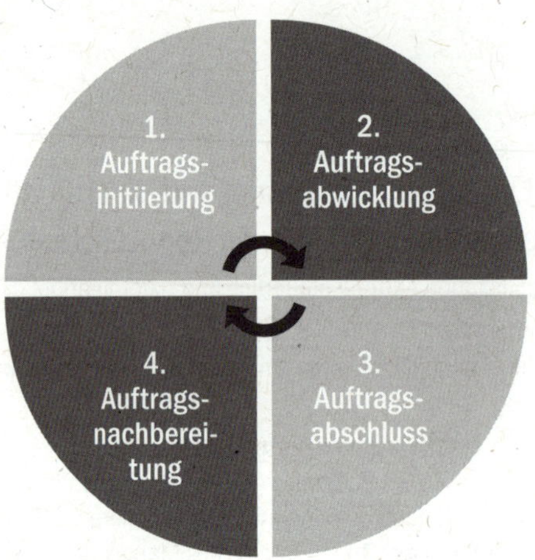


An jeder Station lassen sich prüfungsrelevante Informationen und spannende Aufgaben herausfischen – Du musst nur Deine Angel auswerfen.

*Prüfungstipp von Lea*

**Report-Tipp**

Super, wenn Du im Verlauf Deiner Ausbildung schon Themen für den Report gesammelt hast.

Deine Notizen helfen Dir jetzt, Dich an alles zu erinnern.

## Station 1: Auftragsinitiierung

Die Initiierung eines Auftrags ist in den Ausbildungsbetrieben von Lea, Kevin, Emir und Hannah der erste Schritt zur Existenzsicherung. Deshalb müssen die Auszubildenden von Anfang an motiviert und gesprächssicher auf die Kunden zugehen und die passenden Köder aus der Tasche zaubern, damit die Interessenten anbeißen. Bis ein dicker Fisch endlich am Haken hängt, kann einige Zeit vergehen und die Azubis haben viel Geduld und Kreativität in den Teilbereichen der Auftragsinitiierung bewiesen, die auch Dein Lernstoff im ersten Kapitel sind.

1.1 Kunden produktspezifisch und kaufmännisch beraten

1.2 Angebotsgrundlagen und -alternativen mit dem Kunden entwickeln

1.3 Ergänzenden Service anbieten

1.4 Kalkulationsdaten für Angebote einholen

1.5 Angebote erstellen

1.6 Auftragseingang prüfen, Auftrag bestätigen

Tank noch einmal Energie, trink etwas und hol tief Luft, jetzt fällt der Startschuss für die erste Etappe dieser WQ auf dem Weg zur Prüfung. Bald hast Du es geschafft, es sind nur 4 Stationen.

Los geht's mit der Beratung am Telefon, per E-Mail, im Außendienst oder in einem Geschäft. Beste Kenntnisse über die anzubietenden Produkte oder Dienstleistungen und grundsätzliche kommunikative Kompetenz bilden die Basis, um eine dauerhafte Kundenbindung zu erreichen.

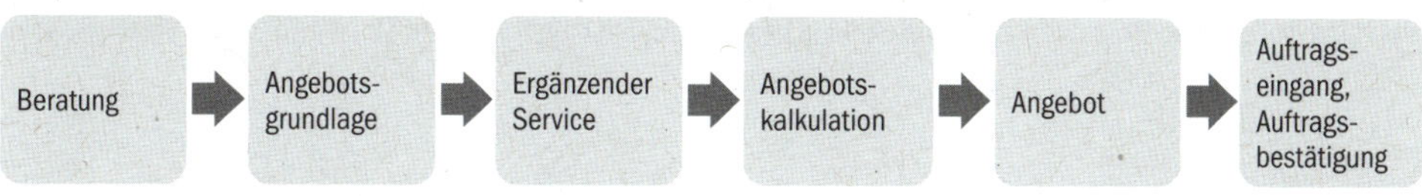


 

# Das Produkt

Definition Produkt • Produkteigenschaften • Kundennutzen

*Prüfungstipp von Kevin*

**Kundennutzen**

**Qualität:**
- lange Lebensdauer des Produkts
- benutzerfreundliche Bedienung
- lange Garantie
- neueste Technologie
- zusätzliche Funktionen
- Luxusartikel
- Alleinstellungsmerkmale

**Preis:**
- günstigster Preis
- gute Finanzierungsmöglichkeit
- verlängerte Zahlungsziele
- Skonto
- Rabatt

**Service:**
- Fachkompetenz in der Beratung
- kommunikative Stärke (etwa aktives Zuhören) in der Beratung
- freundliche Mitarbeiter
- Lösungsvorschläge anbieten bzw. gemeinsam erarbeiten
- geringe Wartezeiten
- kurze Lieferzeit
- telefonische Erreichbarkeit

## Das Produkt

Das Produkt oder das Produkt-Paket eines Unternehmens ist der entscheidende Bestandteil eines Angebots. Kevin, Azubi in der Lila Lounge GmbH, hat nachgeforscht, was alles ein Produkt sein kann. Hier sein Ergebnis:

- materielle Güter: wie Lampen, Möbel, Bier oder Zuckerwatte
- Dienstleistungen: z. B. von Marketingagenturen, Friseuren oder Reisebüros
- Personen: z. B. ein Model, eine Musikband, ein Artist
- Orte: etwa Parkhäuser, Immobilien oder ein Freizeitpark
- Organisationen: wie Fußballclubs oder Parteien
- Ideen

Jedes dieser Produkte besitzt ganz bestimmte Eigenschaften, wie Farbe, Material, Design, Größe, technische Merkmale, Verpackung, Recyclingfähigkeit, Witterungsbeständigkeit, Hygienebeschaffenheit, Funktionen, Alter, Alterungsverhalten, Style, Leistung oder Ökobilanz (wie der Kraftstoffverbrauch beim Auto). Die Produkteigenschaften bestimmen immer die Qualität eines Produkts. Produkte können durch Produktvariation hinsichtlich ihrer Eigenschaften den sich verändernden Verbrauchergewohnheiten angepasst werden. Gekennzeichnet ist ein Produkt durch eine Marke (Herstellermarke oder Handelsmarke).

Einen Kunden interessieren die Eigenschaften eines Produkts und die Vorteile, die er durch den Kauf hat. Er entscheidet sich immer für den Anbieter, der ihm den größten Nutzen bringt. Die Lila Lounge GmbH hat dies erkannt und bietet ihren Kunden perfekt auf sie zugeschnittene Lösungen an. Dazu hat der Möbelhersteller über Produkt und Qualität hinaus Verbrauchervorteile in den Bereichen Preis und Service geschaffen, um gegenüber den Mitbewerbern im Vorteil zu sein.

## Der Kunde

Spaß und Unterhaltung, bester Service oder modernste, technische Merkmale – die Ansprüche der Kunden sind so vielfältig wie der Markt Produkte bereithält. Neben den Produkteigenschaften und dem Kundennutzen spielt die Befriedigung des ästhetischen Empfindens und soziale Anerkennung mindestens eine ebenso große Rolle. Ein neues Hifi-Regal beispielsweise bringt nicht nur elektronische Finessen ins Haus, sondern auch Design und repräsentiert somit einen sozialen Status – es kommt immer auf den Kunden und seine Wünsche an.

Kunden, auch Nachfrager genannt, können Konsumenten, andere Geschäftsleute oder öffentliche Organisationen sein. Die Bezeichnungen sind: B2B, B2C, B2A.

**B2B**: Business to Business = Geschäftsbeziehung zwischen Unternehmern
**B2C**: Business to Customer = Geschäftsbeziehung zwischen Unternehmen und Konsumenten bzw. Privatpersonen
**B2A**: Business to Administration = Geschäftsbeziehung zwischen Unternehmen und öffentlicher Organisation

Zu einem Auftrag kommt es aufgrund einer Kundenanfrage oder durch Akquise (= Maßnahmen der Kundengewinnung). Am Ende ist sowohl bei Bestands- als auch Neukunden die Kaufwahrscheinlichkeit ausschlaggebend: Wie groß ist die Chance, dass er wirklich etwas kauft? Oder will er sich nur informieren? Mit dieser Unterscheidung trennen viele Unternehmer die Kunden in wertvolle und nicht wertvolle Kunden, und nur an vielversprechende Auftraggeber geht ein Angebot raus.

Volle Auftragsbücher sind eine tragende, betriebswirtschaftliche Säule. Berater, Verkäufer und Außendienstmitarbeiter sind die Initiatoren, die vor der Herausforderung stehen, die Menschen für ihre Produkte zu begeistern.

*Prüfungstipp von Emir*

**Report-Tipp**

In Deinem Report nimmst Du Bezug auf betriebliche Abläufe aus Deinem Ausbildungsbetrieb. Das heißt zum Beispiel für einen Report über die Auftragsbearbeitung, dass Du eingangs die Produkte und die Kunden beschreibst, die in Deinem betrieblichen Alltag anzutreffen sind und welche Abläufe, etwa in Zusammenhang mit der Fakturierung oder den Lieferbedingungen, damit einhergehen.

Lass in Deinem Report an geeigneten Stellen Vor- und Nachteile bestimmter Abläufe einfließen.

# Kundenbeziehungen

ABC-Kunden • ABC-Analyse

## A – wie außergewöhnlich

**ABC-Kunden** sind **Bestandskunden**, also bestehende Kunden, die schon einmal etwas gekauft haben und die nun ein Bestandteil der Kundendatenbank sind. Mit der **ABC-Analyse** lässt sich filtern, welche Kunden wirklich von Bedeutung sind. Diese rücken ins zentrale Feld der Aufmerksamkeit, da bei ihnen die Aussicht auf einen Auftragsabschluss am größten ist.

Nach der Pareto-Regel erbringen idealerweise zirka 20 Prozent aller Kunden etwa 80 Prozent des gesamten Umsatzes. Diese Kunden sind wertvoll und als A-Kunden zu betrachten: Sie sind wichtig! Um sie muss ein Unternehmen sich mit allen Mitteln bemühen. Ein **wertvoller Kunde**:

- steigert die Rentabilität,
- verhandelt den Preis nicht, oder nur wenig,
- ist ein dauerhafter, verlässlicher Partner,
- spricht Empfehlungen aus.

Umsätze der Kunden in EUR tabellarisch ermitteln → Umsätze in % berechnen ⇨ kumulieren → Klassengrenzen definieren und Klasse A, B oder C zuteilen

B-Kunden sind als mittelstark eingestuft und C-Kunden als weniger wichtig. Vernachlässigt ein Unternehmen die ABC-Analyse, kann das drei Auswirkungen nach sich ziehen:

1. zu hohe Ausgaben für C-Kunden
2. zu wenig Mühe, aus B-Kunden A-Kunden zu machen
3. zu wenig Extraservice für die Schlüsselfiguren, die A-Kunden

Mithilfe der ABC-Analyse lassen sich die Kosten für C-Kunden minimieren, aus B-Kunden A-Kunden machen und A-Kunden herausfiltern, um ihnen eine Extraportion Service zu servieren.

*Prüfungstipp von Emir*

**Nachteile der ABC-Analyse:**

- Sie ist einfach gehalten und beschränkt sich auf wenige Faktoren.
- Es erfolgt keine Differenzierung innerhalb der Klassen.
- Spezielle Kunden sind nicht berücksichtigt. Ein C-Kunde kann z. B. ein potentieller Stammkunde sein und wäre damit falsch einsortiert.
- Sie trifft keine Aussage über eine Entwicklung, sondern bildet nur einen Zustand ab.

## N – wie neu

Zu unzähligen **Neukunden**, potentiellen Käufern, ist im Gegensatz zu den Bestandskunden noch eine Beziehung aufzubauen, zum Beispiel über neue Vertriebskanäle oder mithilfe von Lockangeboten. Zur Neukundengewinnung werden auch oft Neukundenrabatte ausgeworfen.

Ein gutes Beratungsgespräch geht der Ausarbeitung eines Angebots voraus und kann den Anfang eines loyalen Geschäftsverhältnisses bilden. Ein Unternehmer schätzt ab, wie groß die Wahrscheinlichkeit ist, dass ein Interessent kaufen wird. Ein Angebot lohnt sich, wenn klar ist, der Nachfrager will das Produkt oder die Dienstleistung wirklich haben und er kann sich den Auftrag auch leisten. Und letzten Endes liegt das Angebot in etlichen Fällen neben zwei oder drei weiteren Offerten der Konkurrenz, die den Auftrag ebenfalls an Land ziehen wollen, auf dem Tisch. Die Chance liegt dann maximal bei 33,33 Prozent.

Mit der Corporate Identity hat jedes Unternehmen einen Rahmen abgesteckt, in dem ein **Verkaufsgespräch** stattfindet. Unter dieser Vorgabe muss ein Verkäufer fortlaufend zwischen unternehmerischem Interesse und dem Bedürfnis des Kunden abwägen.

**Prüfungstipp von Kevin**

**CI = Corporate Identity**

Die CI ist der Maßstab für das Erscheinungsbild eines Unternehmens. CI ist der Oberbegriff für Corporate Design, Corporate Communication und Corporate Behaviour.

CD = einheitliche Designelemente, z. B. Logo, Arbeitskleidung

CC = Kommunikationspolitik

CB = einheitliches Verhalten im Kundenkontakt, z. B. Formulierungen oder Verhaltens-Training für Beschwerden

# Kundenbeziehungen

Verkaufsgesprächsführung • Abschluss • Abschlussquote

## Volle Kraft voraus

Ein **Verkaufsgespräch** durchlebt fünf Phasen. Als erstes ist der Verkäufer mit dem Bedürfnis eines Kunden konfrontiert und findet heraus, ob ein ernsthafter Bedarf existiert. Ist dem nicht so, stirbt das Gespräch, ansonsten folgt die Bedarfsanalyse, die Details ans Licht bringt. Nun kann das Gespräch zu den Vorteilen des Produkts und nachfolgend zum Nutzen, den der Kauf dem Kunden bringt, übergehen. Die Argumentation endet – wenn alles gut läuft – mit dem Abschluss.

Sympathie und der Einsatz des passenden Kommunikationsmodells sind das A und O, um mit dem Kunden auf Augenhöhe eine Lösung zu entwickeln. Das Gespräch kann ein Brainstorming voller Ideen sein, sowohl seitens des Kunden als auch des Verkäufers, so dass die Ergebnisfindung ein gemeinsamer Prozess ist.

In welchem Ausmaß dies gelingt, belegt die Abschlussquote: (Auftragsanzahl/Angebotsanzahl) x 100 = Abschlussquote.

*Nachgefragt!* Was ist der Unterschied zwischen Bedürfnis und Bedarf? Ohne Geld, ist das Bedürfnis nur ein Wunsch. Erst durch vorhandene finanzielle Mittel (= Kaufkraft) wird es zum Bedarf: *Bedürfnis + Kaufkraft = Bedarf*

## Zwischen den Stühlen

Hannah hat in ihrer Ausbildung bei der *Lampen Himmel GmbH & Co. KG* gelernt, in einem Verkaufsgespräch **flexibel** wie ein Flummi zu agieren. Eine mit funkelnden Kristallen besetzte Luxuslampe ist anders anzupreisen als eine rein funktionale Neonröhre. Außerdem kann die zu beratende Person ein Laie oder ein Experte sein.

Ein Kunde, der Laie ist, könnte beispielsweise mit extrem sachlichen Erläuterungen schnell überfordert sein, während dies bei einem Produktexperten genau die richtige Taktik ist. Gleiches gilt für ein Produkt: Ein Luxusartikel ist mit emotionalen Empfindungen behaftet, ein Produkt wie eine Leuchtröhre dagegen mit rationalen Fakten. Es gilt flexibel abzuwägen, welche Argumentationsweise für welches Produkt und für welchen Kunden geeignet ist.

In der Position des Verkaufenden muss ein Mitarbeiter somit in jeder Situation eine Brücke zwischen **Produkt und Kunde** schlagen und die richtigen, zum Kauf anreizenden, Impulse setzen.

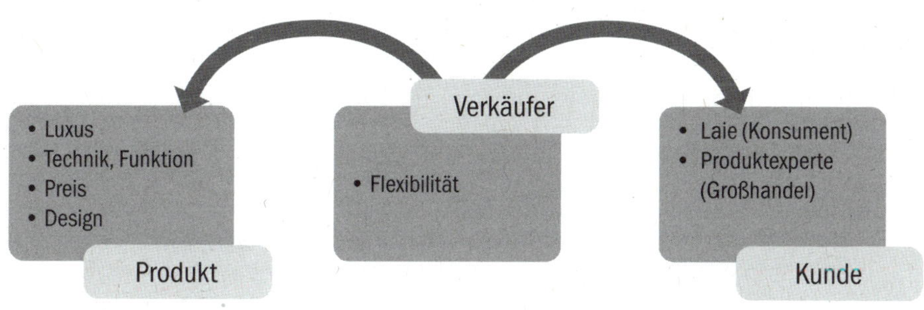


*Prüfungstipp von Lea*

**Nachhaltigkeit**
(engl. sustainability)

Argumente, die sich auf die **Umwelt** beziehen, werden immer wichtiger.

Umweltfreundlichkeit, Fair Trade (= fairer Handel), ökologisch orientierte Richtlinien für Lieferanten oder Gesundheitsbewusstsein können schlagkräftige Gründe sein, die umweltbewusste Kunden von einem Unternehmen und/oder dessen Produkte überzeugen.

# Kundenpsychologie

Erster Eindruck • Kundentypen

## Die Bedeutung des ersten Eindrucks

Aus dem Blickwinkel des Kunden startet die Beziehung, die er zu einem Verkäufer aufbaut, lange vor dem eigentlichen Kundengespräch. Seinem prüfenden und kritischen Blick entgeht nichts: Eine dreckige Außenfassade, ungeputzte Schaufenster, schmutzige Fußböden, unordentliche Regale, Ungepflegtheit oder Desinteresse des Verkäufers. So ein schlechter **erster Eindruck** erstickt einen Verkauf im Keim.

Angenommen, das Bild ist positiv und ein Dialog setzt sich in Gang, mit welchen **Kundentypen** kann der Verkäufer es zu tun bekommen?

Die häufigsten Kundentypen:

## Die Kommunikation

Stimmt der erste Eindruck, kann ein authentischer Berater als Rhetorik-Profi glänzen und ein Produkt glaubwürdig präsentieren. Die Kunst liegt darin, dem Kunden eine freie Wahlmöglichkeit zu vermitteln ohne über ihn zu bestimmen – denn eine offensichtliche Bedrängung lotst das Gespräch ins Aus. Wertschätzung und Respekt sind die Zauberwörter im Umgang mit Kunden. Eine gelungene Umsetzung basiert auf einigen Modellen aus der Kommunikationswissenschaft, die im Folgenden näher erläutert sind.

1. Frageformen
2. Fragekategorien
3. AIDA-Modell
4. 4-Ohren-Modell
5. Aktives Zuhören
6. Argumentationstechniken

Ein Beratungsgespräch mit einem Kunden verläuft, egal ob am Telefon oder im vis-a-vis Kundendialog, ergebnisorientiert und soll von Erfolg gekrönt sein. Je mehr der Verkäufer über die Wünsche seines Gesprächspartners erfährt, umso sicherer kommt er zum Abschluss.

Die **Informationsgewinnung** hat hierbei oberste Priorität: „Was genau meinen Sie mit…?“ ist nur ein Beispiel für einen Einstieg, um mehr zu erfahren.

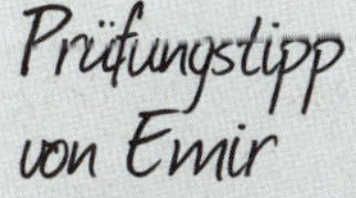


**Reaktanz**

Ein guter Verkäufer vermeidet Reaktanz. Der Begriff Reaktanz entstammt der Psychologie und beschreibt einen innerlich aufkeimenden Widerstand als Reaktion auf eine Bestimmung, eine Einschränkung oder einen Vorwurf.

Im Verkaufsgespräch könnte der Verkäufer den möglichen Käufer in seiner Wahlfreiheit einschränken. Durchschaut der Kunde den Plan, fühlt er sich negativ beeinflusst und wendet sich ab. Besser auf aktives Zuhören und ehrliches Interesse setzen!

# Die persönliche Beratung

Überzeugungskraft • Soft Skills • Hard Skills

## Voller Überzeugungskraft

Sobald ein Kunde ein Geschäft betritt oder eine Homepage besucht ist klar, sein Interesse an dem dortigen Angebot ist geweckt. In ihm lauert der Wunsch nach einer bestimmten Sache, die er gerne hätte. Wovon lässt er sich jetzt überzeugen? Geht ein Verkäufer kontaktfreudig und voller Überzeugungskraft und Geschick in ein Kundengespräch, kann er auf verschiedene Strategien setzen und diese mischen.

Eine kleine Anleitung für Dich:

1. Qualität eines Produkts: Lege dem Kunden die Vorteile eines langlebigen Produkts dar.
2. Seltenheit eines Produkts: Weise darauf hin, dass der Kunde zu einem ausgewählten Kreis gehört, wenn er dieses Produkt besitzt.
3. Sympathie: Arbeite daran, dass die Kunden Dich auf Anhieb nett finden.
4. Hilfe bei der Entscheidungsfindung: Erfahre Probleme und löse sie gemeinsam mit dem Kunden.
5. Nutzen: Erläutere ihm, dass er durch das Produkt Zeit und Geld spart. Mach auf Komfort aufmerksam, auf neue Annehmlichkeiten oder gesundheitliche Vorteile. Für hippe Kunden zählt auch das Argument, mit einem Produkt „in“ zu sein.
6. Spaß: Vermittle Deinem Gesprächspartner, dass er Freude an dem Produkt haben wird.

Die Liste zeigt, in einem Verkaufsgespräch sind nicht nur **Hard Skills**, sondern ebenso **Soft Skills** gefragt. Damit sind harte und weiche Fähigkeiten gemeint.

*Nachgefragt!* Was ist der Unterschied zwischen Soft Skills und Hard Skills? Mit Hard Skills sind die Fachkompetenz und berufstypische Qualifikationen gemeint. Soft Skills betreffen die persönlichen Kompetenzen, im Besonderen die soziale Kompetenz.

## Zauberei

Ein Beratungsgespräch ist vielschichtig wie ein perfekt ausgeklügelter Zaubertrick. Der Kniff ist, einen Einwand unbemerkt in eine Zustimmung zu verwandeln und einen Kunden zur richtigen Entscheidung zu lenken. Dafür steht eine Anzahl an Frageformen und Argumentationstechniken zur Verfügung.

**Frageformen/Techniken (eine Auswahl):**

Offene Gegenfrage
Der Einwand des Kunden kann genauer bestimmt und darauf eingegangen werden. Bsp.: „Was genau gefällt Ihnen an unserer neuen Schreibtisch-Serie nicht?"

Ja-aber-Methode
Der Verkäufer stimmt dem Einwand des Kunden bedingt zu, relativiert dessen Zweifel aber dann. Bsp.: „Sie haben Recht, dass der Anschaffungspreis für diese LED-Lampen zunächst hoch erscheint, aber bedenken Sie die lange Lebensdauer und Energieeinsparung."

Suggestivfragen
Lenken den Antwortenden meist in eine bestimmte Richtung bzw. nehmen die (zustimmende) Antwort bereits vorweg. Bsp.: „Sie bevorzugen doch bestimmt auch einen versicherten Transport für diese hochwertige Wohnwand?!"

Alternativfragen
Können dem Gesprächspartner bei der Entscheidungsfindung helfen und einen Verkaufsabschluss herbeiführen. Bsp.: „Darf ich unsere Deckenleuchten mit 5 oder mit 8 Strahlern für Sie reservieren?"

Kontrollfragen
Dienen der Rückversicherung und fassen Gesagtes noch einmal zusammen. Bsp.: „Ich habe Sie also richtig verstanden, dass Sie die Getränkelieferung in der 38. KW fix benötigen?"

*Prüfungstipp von Emir*

AIDA-Modell im Verkauf

A = Attention: Aufmerksamkeit erregen

I = Interest: Interesse schüren

D = Desire: Kaufwunsch auslösen

A = Action: Verkaufsabschluss

# Kommunikation

4-Ohren-Modell

## Ein Gespräch als Ganzes wahrnehmen

*Spitz die Ohren, Hannah!* Diese Aufforderung hört die Auszubildende Hannah Meyer der *Lampen Himmel GmbH & Co. KG* mindestens einmal in der Woche von ihrem Chef. Seitdem sie das **4-Ohren-Modell** kennt, weiß sie genau, was er damit meint. Wenn sie im Verkaufsraum einer der Filialen tätig ist, soll sie im Kundengespräch die verschiedenen Ebenen der Kommunikation kontrollieren, um ihre Argumentation zielgerichtet auf einen Verkaufsabschluss hinlenken zu können.

Das 4-Ohren-Modell (von Friedemann Schulz von Thun)

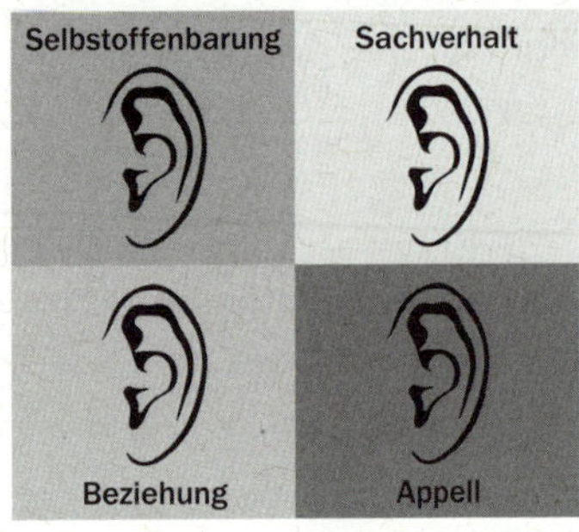


Ohr 1: Selbstoffenbarung:
Wer ist der andere? Was ist mit ihm los?

Ohr 2: Sachverhalt:
Um welchen Inhalt geht es?

Ohr 3: Beziehung:
In welchem Verhältnis stehen die Gesprächspartner zueinander?

Ohr 4: Appell:
Welche Aufforderung steckt hinter der Mitteilung?

Darüber hinaus wird nicht nur von Hannah, sondern von allen Auszubildenden erwartet, die verbale, nonverbale und paraverbale Kommunikation und das aktive Zuhören anzuwenden. Sie müssen in der Selbstreflektion diese drei Fragen beurteilen:

Wie verhalte ich mich verbal (mit Worten und Wortwahl)?

Wie komme ich nonverbal rüber (mit dem Körper: Mimik und Gestik, Blickkontakt, Körperhaltung)?

Welchen Eindruck hinterlasse ich paraverbal (beinhaltet Tempo, Melodie, Deutlichkeit und Lautstärke des Sprechens, Ton, Tonfall und Kadenzen sowie Betonungen und Sprechpausen)?

## PRAXIS Übung 1

Im Anschluss an eine Kundenberatung fordert Hannahs Chef sie auf zu reflektieren, mit welchem „Ohr“ sie zugehört hat. Dafür muss sie das 4-Ohren-Modell kennen. Darum geht es hier. Ordne den Fragen das passende „Ohr“ zu.

Worum geht es hier? Ohr: ______________________

Was ist mit dem Kunden? Ohr: ______________________

Was soll ich machen? Ohr: ______________________

Wie spricht er mit mir? Ohr: ______________________

Hier ist Platz für Deine Notizen. Einen Lösungsvorschlag findest Du am Ende des Buchs.

# Kommunikation

Aktives Zuhören

## Die große Kunst der Kommunikation

Aktives Zuhören ist die Königsdisziplin der zwischenmenschlichen Kommunikation. Die besondere Herausforderung im Kundenkontakt liegt darin, die Botschaften zu entschlüsseln, die im tiefsten Inneren des Kunden schlummern. Dafür gelten diese Grundvoraussetzungen:

A) Volle Aufmerksamkeit schenken

B) Mitdenken

C) Empathie zeigen (Einfühlungsvermögen, Feingefühl, sich in jmd. hineinversetzen)

D) Respekt und Wertschätzung vermitteln

Die Regeln:

- keine Drohungen
- keine Bestimmungen
- keine Urteile
- keine Bewertungen
- kein Nachbohren

*Prüfungstipp von Emir*

**Kommunikation**

Fragen aus dem Bereich der Kommunikation sind beliebte Prüfungsthemen. Gut, wenn Du sie bearbeiten kannst.

Besinne Dich auch bei Deinem eigenen Auftreten vor dem Prüfungsausschuss auf die Wirkung einer gelungenen Argumentation, sei Dir der Beziehungsebene bewusst und setze wohlbedacht die passenden nonverbalen und paraverbalen Akzente.

**Die vier Stufen des Modells:**

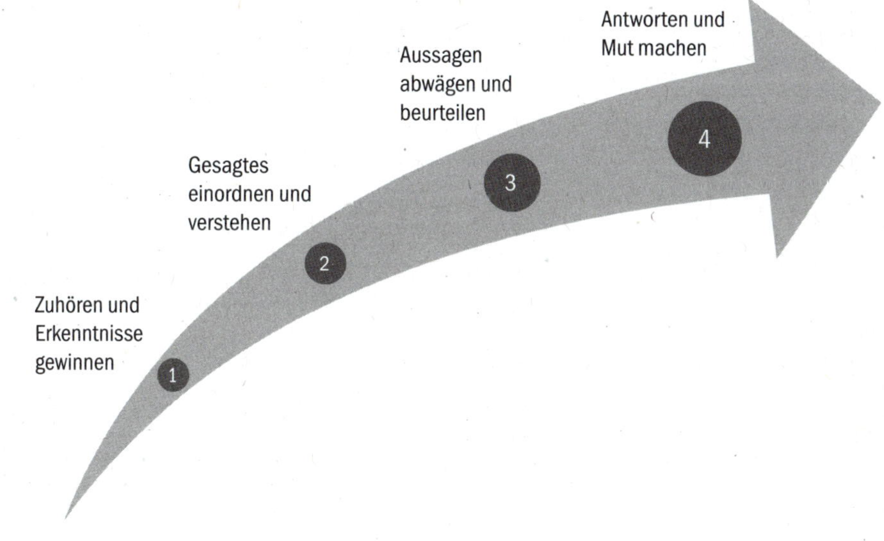

# Kommunikation

## Aktives Zuhören

### Die Anwendung des aktiven Zuhörens

1. Wende Dich dem Gesprächspartner zu.
2. Sieh ihm in die Augen.
3. Wiederhole seine Aussagen als Aussagesatz auf neutrale Art und Weise = paraphrasieren.
4. Fasse die Ausführung Deines Gegenübers noch einmal zusammen.
5. Frage nach, wenn Du unsicher bist, ob Du etwas falsch verstanden hast.
6. Kläre Unklarheiten.
7. Bewege Dein Gegenüber dazu, einen Sachverhalt weiterzuführen oder Details zu beschreiben.
8. Fasse seine Gefühle in Worte.
9. Lass den Gesprächspartner Aspekte abwägen.
10. Setz ihn nicht unter Druck.

*Nachgefragt!* Kennst Du die fünf Axiome von Paul Watzlawick?

1. Man kann nicht nicht kommunizieren. ⇨ Kommunikation erfolgt selbst dann, wenn der Gesprächspartner hartnäckig schweigt.
2. Kommunikation hat immer einen Inhalts- und Beziehungsaspekt. ⇨ Der Beziehungsaspekt bestimmt hierbei den Inhaltsaspekt, weil immer als erstes zählt, welche Einstellung die Gesprächspartner zueinander haben. Darauf baut der Rest auf.
3. Kommunikation ist eine Verkettung aus Ursache und Wirkung. ⇨ Paul Watzlawick bezeichnet dies als Interpunktion aus Ereignisfolgen.
4. Die Kommunikation zwischen Menschen bedient sich digitaler (das Sprechen) und analoger (das Nicht-Sprechen) Modalitäten. ⇨ Dies bezieht sich auf die verbalen und nonverbalen Ausdrucksmittel.
5. Die Abläufe in der Kommunikation können symmetrisch oder komplementär sein. ⇨ Sie sind gleichwertig oder sich ergänzend.

*Prüfungstipp von Lea*

**High Probability Selling (HPS)**

Verkaufsgespräche ohne Manipulation auf den Säulen der gewaltfreien Kommunikation (nach dem Psychologen Marshall B. Rosenberg)

- Wertschätzung und Respekt
- Beobachtung und Aufmerksamkeit
- nicht überreden
- keine Kampfansagen
- keinen Druck aufbauen
- Wünsche und Bedürfnisse herausfiltern und ein Angebot maßschneidern
- Kaufabsicht von Anfang an klären: Ja oder nein?

## Immer ein gutes Argument

Wenn Kevin sich darüber im Klaren ist, ob er einen Laien oder einen Experten vor sich hat und ob der Kaufwunsch sich um ein rein funktionales Möbelstück oder ein Designobjekt dreht, kann er aus einer Reihe an Argumenten der unterschiedlichsten Art wählen und mischen.

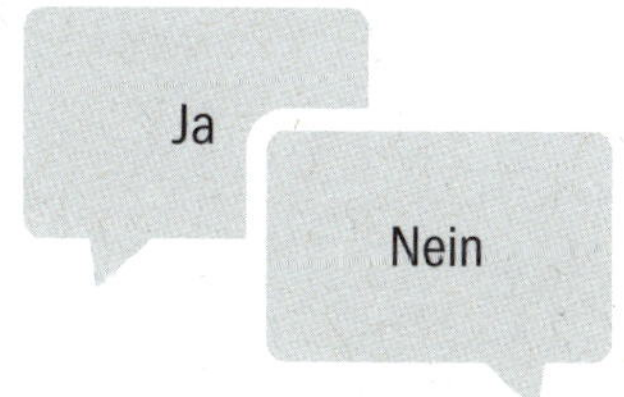


Die Sozialwissenschaft unterscheidet die Wege zu neuen Erkenntnissen in deduktive und induktive Vorgehensweisen.

Die **induktive** Art und Weise: Einzelbeispiele, die auf eine Beobachtung oder Erfahrung zurückgreifen (= empirisch), dienen als Basis für eine Verallgemeinerung. Der Argumentationsweg verläuft vom Besonderen, beziehungsweise von einem Einzelfall, zum Allgemeinen.

Die **deduktive** Art und Weise: Hierbei schlägt die Argumentation die umgekehrte Richtung ein, vom Allgemeinen hin zum Besonderen, beziehungsweise zum Einzelbeispiel. Zudem sind logische, beweisbare und rationale Argumente, die auf Fakten beruhen (Zahlen, Statistiken oder Gesetze) deduktive Argumente.

*Nachgefragt!* Was ist der Fünfsatz? Der Fünfsatz setzt sich aus fünf Schritten einer Argumentationsabfolge zusammen: Einstieg mit der Ist-Situation, drei Schritte der Argumentation und eine Schlussfolgerung.

# Rhetorik

Argumentationstechniken • Sophismen

## Augenwischerei

Eine beliebte Verkaufstechnik besteht in der Verwendung von **Sophismen**. Diese sind geschickt ausgeklügelt und beinhalten scheinbar logische Beweise, stellen jedoch in Wahrheit einen formellen Fehlschluss dar. In einem Verkaufsgespräch sind sie zum Wohl des Unternehmens im Einsatz. Die Anwendung ist im Folgenden in einigen Beispielen aufgeführt:

| | |
|---|---|
| Gesellschaftliche Argumente: | Die Aussage erhält durch verbreitete Wertmaßstäbe oder gesellschaftlich gültige Normen eine Bekräftigung.<br>*Das Produkt ist natürlich ein Original und keine Fälschung.* |
| Autoritätsargumente: | Eine Autorität wird als unumstößliche Instanz präsentiert, wie Fachleute, Institute oder bekannte Experten.<br>*Die DLG hat unser Produkt als hervorragend eingestuft.* (DLG = Deutsche Landwirtschafts-Gesellschaft) |
| Mitleid-Argument: | Durch Erweckung von Mitleid werden faktische Argumente unterdrückt.<br>*Wir haben wirklich viel Arbeit damit.* |
| Erfolg-Argument | Der Aspekt Erfolg soll das Produkt hervorheben.<br>*Wir sind damit sehr erfolgreich.* |
| Innovation als Argument | Hierbei soll das Merkmal „neu" überzeugen.<br>*Das Produkt ist gerade neu auf den Markt gekommen, eine echte Innovation.* |
| Zirkelschlüsse: | Hierbei fehlt die Prämisse, die das Argument begründet, da dieses mit sich selbst begründet wird (auch Kreisschluss).<br>*Wir sagen Ihnen die Wahrheit, da wir nicht lügen.* |
| Traditionsargumente: | Die Belege erscheinen durch Tradition oder Alter nachvollziehbar.<br>*Das macht unser Unternehmen traditionell seit 150 Jahren so.* |
| Moralische Argumente: | Argumente dieser Art beruhen auf Gerechtigkeit, zwischenmenschlicher Moral oder Verpflichtungen.<br>*Versprochen! Ich halte mein Versprechen, ein Versprechen bricht man nicht.* |
| Emotionale Argumente: | Angst, Neid, Hass, Glück, Eitelkeit– hier kommen Gefühle ins Spiel und die Überzeugungsversuche sprechen Wünsche, Vorurteile, Status oder Geltungsbedürfnis an.<br>*Dieses Produkt ist das Nonplusultra auf dem Markt, das müssen Sie haben.* |

## Ja aber...

Die Horrorvorstellung aller Verkäufer und Kundenberater: Der Kunde ist ein Besserwisser. Kevin schätzt häufig schon vorher ab, mit welchen Einwänden und Gegenargumenten er rechnen muss. Um diese zu entkräften, kann er folgende Tricks einsetzen:

**Einwandvorwegnahme** = einen möglichen Einwand im Keim ersticken, bevor der Gesprächspartner ihn äußert
*Jetzt denken Sie womöglich, dass (...), aber wir garantieren Ihnen, dass (...)*

**Einwandumkehr** = einen geäußerten Einwand in ein positives Pendant verwandeln
*Die Lieferkosten sind aber sehr hoch.* Umwandlung in: *„Die Lieferung beinhaltet das Tragen in Ihre Wohnung und die Entsorgung des Verpackungsmaterials. Unsere Mitbewerber berechnen für diesen Service 15 Euro mehr."*

**Referenz-Aufführung** = mit Referenzen auftrumpfen, um Einwände zu entmachten
*Sehen Sie, ich habe hier die Unterlagen, aus denen genau ersichtlich ist, dass unsere Leistung korrekt ist.*

**Relativierung** = ein Argument verliert durch den Vergleich mit einem anderen Sachverhalt an Gewicht
*Ja, in der Tat ist dies kein Schnäppchen. Aber dem steht eine überdurchschnittlich lange Nutzungsdauer gegenüber, so dass sich die Investition am Ende lohnt.*

**Eisbrecher-Methode** = ein stockendes Gespräch durch eine direkte Konfrontation wieder vorantreiben
*Wir kommen irgendwie nicht weiter – was ist los?*

Kevin hat nur wenige Momente, um das Vertrauen seines Gegenübers zu gewinnen. Sein Charisma ist trotz rhetorischer Schachzüge der Bonuspunkt, aufgrund dessen sich entscheidet, ob ein Interessent bleibt und kauft. Denn dieser handelt und entscheidet nicht allein aufgrund eines günstigen Preises, eines tollen Möbelstücks oder einer guten Argumentation, sondern, weil er sich wohl und verstanden fühlt.

*Nachgefragt!* Was ist „hard selling"?
Der kundenorientierten Gesprächsführung steht das „hard selling" gegenüber, eine aggressive und laute Methode, mit der Produkte auf den Markt gedrückt werden sollen. „Hard selling" zielt weder auf das Interesse des Kunden noch auf eine langfristige Kundenbindung ab.

# Zielgruppenmerkmale

Soziodemografisch • Psychografisch • Verhaltensspezifisch

## Was passt zu wem?

Einem maßgeschneiderten Beratungsgespräch liegt die Kenntnis über die Zielgruppenzugehörigkeit eines Kunden zugrunde. Die Treffsicherheit steigt mit dem Informationsgrad: Je mehr Informationen, umso zielgerichteter die Produktauswahl. Eine Zielgruppenanalyse kann zahlreiche nützliche Antworten als Gesprächsbasis liefern, etwa auf die Fragen: Wie viel kann ein Kunde bezahlen? Welche Bildung hat er? Wie wichtig ist ihm Funktionalität? Wie wichtig ist ihm Design? Welche Bedeutung spielt für ihn Umweltbewusstsein? Hier eine Übersicht möglicher Zielgruppenmerkmale:

1. **Soziodemografisch** z. B.
   - Familienstand
   - Alter
   - Nationalität
   - Geschlecht
   - Kultur
   - Sprache
   - Wohnort
   - Anzahl der Personen im Haushalt
   - Beruf
   - Einkommensstatus (Voll- oder Teilzeit)
   - Einkommen
   - soziale Stellung
   - Schulbildung
   - Ausbildung
2. **Psychografisch**, z. B.
   - Lebensstil und Interessen
   - Meinungen und Werte
   - Motive des Kauf- und Konsumverhaltens
3. **Verhaltensspezifisch**, z. B.
   - Freizeitaktivitäten
   - Nutzung von Medien
   - Ethik (Bio, Umweltbewusstsein)

*Nachgefragt!* In welchen Bereichen ist das Wissen über die Zielgruppe bedeutend?
In der kundenorientierten Kommunikation sind Informationen über die Zielgruppe hilfreich im Verkaufsgespräch, als Grundlage für ein Angebot oder für marketingpolitische Entscheidungen.

## Ein guter Plan

Die **Vorbereitung eines Gesprächs** ist mindestens genauso wichtig, wie das Gespräch selbst. Ist der Verkäufer einmal mittendrin, sollte er sich voll und ganz auf den Gesprächsverlauf konzentrieren und sich nicht mit hektischem Zusammensuchen von Infoblättern oder der Zubereitung von Heißgetränken unter lautem Brummen und Zischen eines Kaffeevollautomaten beschäftigen müssen.

Folgende Fragen sind VOR einem Gespräch zu klären:

- ⇨ Was ist das Ziel meines Gesprächs?
- ⇨ Kann ich die Ziele in Etappen-Ziele gliedern?
- ⇨ Welches Ziel hat mein Gesprächspartner?
- ⇨ Bin ich über das Produkt informiert?
- ⇨ Liegen mir alle wichtigen Informationen vor?
- ⇨ Welche Argumente habe ich?
- ⇨ Welche Argumentationstechniken kann ich einsetzen?
- ⇨ Welche Argumente wird mein Gegenüber voraussichtlich anführen?
- ⇨ Habe ich ausreichend Zeit? Kann ich ungestört reden?
- ⇨ Mit welchen Einwänden muss ich rechnen?
- ⇨ In welcher Sprache wird das Gespräch stattfinden?
- ⇨ Muss ich soziokulturelle Besonderheiten beachten?
- ⇨ Liegen mir alle benötigten Unterlagen ordentlich aufbereitet vor?
- ⇨ Bin ich gut über meinen Kunden und seine Bedürfnisse informiert?
- ⇨ In welchem Raum und Rahmen findet das Gespräch statt? Stelle ich z. B. Getränke bereit?
- ⇨ Liegen Mittel für eine eventuelle Gesprächsdokumentation parat, z. B. ein Diktiergerät oder ein Notizblock?

*Nachgefragt!* Was ist unter soziokulturellen Unterschieden zu verstehen? Eine Soziokultur beschreibt das kulturelle, soziale und politische Wertesystem einer gesellschaftlichen Gruppe. Soziokulturelle Unterschiede betreffen folglich Unterschiede zwischen verschiedenen sozialen Gruppen.

# Kundenkontakt

## Tipps für die Beratung

**Bitte einsetzen!**

- am Anfang offene Fragen formulieren, um nicht in die Ja-Nein-Falle zu tappen (außer bei der HPS-Technik)
- konzentriertes und aufmerksames Zuhören
- maßgeschneiderte Aussagen treffen
- Gesprächspausen einhalten
- einem Laien Fachbegriffe erläutern
- Alleinstellungsmerkmale betonen
- selbstsicher sein
- nicht vom Thema abkommen

**Bitte vermeiden:**

- geschlossene Fragen am Anfang (außer bei der HPS-Technik)
- Floskeln und Desinteresse
- Reden ohne Pause und zu viele Verallgemeinerungen
- Fachchinesisch
- Unsicherheit
- vom Thema abweichen, z. B. über das Wetter reden, die aktuelle politische Lage oder Restaurantbesuche

## PRAXIS Übung 2

### Was läuft hier schief?

Welche Fehler macht der Verkäufer in den folgenden Aussagen?

*Guten Tag, kann ich Ihnen helfen?*

*Ich weiß nicht genau, ob die Bedienung des Produkts so richtig ist.*

*Sie kommen bestimmt alleine zurecht. Ich hätte auch noch etwas anderes zu tun.*

*Können Sie das noch einmal sagen, ich habe gerade nicht zugehört.*

*Kennt man einen, kennt man alle.*

*Unsere Produktionsmaschinen sind CNC-gesteuert und wir können einen Fräsvorschub von 0,0833 Metern pro Sekunde einhalten. (Kunde ist Laie)*

Hier ist Platz für Deine Notizen. Einen Lösungsvorschlag findest Du am Ende des Buchs.

# Reflektion des eigenen Verhaltens

25-Punkte-Checkliste

## Check!

Hier eine Checkliste mit 25 Punkten zur Bewertung des eigenen Gesprächsverhaltens:

1. Habe ich das Ziel meines Gesprächs erreicht?
2. Habe ich meine Argumentationstechnik so umsetzen können, wie ich es wollte?
3. Bin ich mit Argumenten adressatengerecht umgegangen?
4. Wie bin ich mit Einwänden verfahren?
5. Habe ich aufmerksam zugehört?
6. Habe ich mir Zeit für den Kunden genommen?
7. War ich geduldig?
8. Habe ich mich stören lassen?
9. Habe ich Floskeln verwendet?
10. Bin ich innerhalb meines zeitlichen Rahmens geblieben?
11. Konnte ich Augenkontakt halten ohne zu starren?
12. War ich dem Kunden zugewandt?
13. Konnte ich aktives Zuhören umsetzen und den Kunden dazu bringen, sich zu öffnen?
14. War ich respektvoll und nicht überheblich?
15. Habe ich soziokulturelle Besonderheiten beachtet und respektiert?
16. Wie habe ich mich auf nonverbaler Ebene (Mimik, Gestik) verhalten?
17. Habe ich das Problem des Kunden erkannt?
18. Konnte ich mit ihm gemeinsam eine konkrete Lösung erarbeiten?
19. War ich fähig, mich in mein Gegenüber und sein Anliegen einzufühlen?

20. War ich fachlich kompetent?
21. Stellt mich das Ergebnis des Gesprächs zufrieden?
22. Wie geht es mir in emotionaler Hinsicht?
23. Habe ich mein Unternehmen positiv repräsentiert?
24. Welche Schwachstellen hatte das Gespräch/meine Beratung?
25. Worauf muss in zukünftig achten?

## PRAXIS Übung 3

Nenne fünf positive Merkmale eines Verkaufsgesprächs.

Hier ist Platz für Deine Notizen. Einen Lösungsvorschlag findest Du am Ende des Buchs.

### Prüfungstipp von Hannah

Die Fachaufgabe in der Prüfung besteht aus den Bestandteilen Planung, Durchführung und Bewertung.

Sollte die Bewertung eines Gesprächsverhaltens in einem Kundengespräch Thema sein, ruf Dir die Checkliste auf dieser Seite in Erinnerung. Sie ist eine gute Hilfestellung für eine Reflektion (= selbstkritisches Nachdenken).

# Wirtschaftlichkeit

## Wirtschaftliches Denken im Kundengespräch

### Von Anfang an wirtschaftlich

Die in der Einleitung vorgestellten vier Musterfirmen, *PRIMA Kölsch Privatbrauerei GmbH & Co. OHG, Lila Lounge GmbH, Lampen Himmel GmbH & Co. KG und Second Sight Ltd.*, handeln im Sinne der Wirtschaftlichkeit. Sie möchten Gewinn machen oder zumindest kostendeckend arbeiten. Das wirtschaftliche Denken spielt auf allen Ebenen der Unternehmen sowohl in der Akquise als auch bei Kundenanfragen eine entscheidende Rolle und die Azubis haben von Anfang an gelernt, worauf es beim Kundengespräch ankommt. Dazu gehört:

- immer den Abschluss als Ziel vor Augen haben,
- bei Neukunden Lockangebote wie Neukundenrabatte zur Neukundengewinnung einsetzen,
- kalkulierte Preise einhalten,
- kalkulatorisch festgelegte Spielräume bei Rabatten nicht überschreiten,
- ergänzenden Service anbieten,
- Möglichkeit der Finanzierung als Kundengewinnungs-Instrument nutzen.

Die einen Kundenaufträge sind aufwendig und umfassen Kataloge an Leistungsverzeichnissen, die anderen sind ohne großen Aufwand in wenigen Arbeitsschritten, oft systemgesteuert, erledigt. In welchem Umfang ein Auftrag auch ausfällt, Lea und ihre Freunde sind froh, die professionellen Hilfsmittel zur zwischenmenschlichen Verständigung verinnerlicht zu haben, um mit Auftraggebern jeder Art selbstsicher und überzeugend verhandeln zu können. Im nächsten Kapitel geht's an die Details: Welche Vorbereitungen sind für das Erstellen eines Angebots zu treffen?

## PRAXIS Übung 4

Azubi Kevin nimmt an einer internen Schulung zum Thema „Kundengespräche optimieren" teil. Die *Lila Lounge GmbH* hat in der Vergangenheit einige telefonische Beratungsgespräche aufgezeichnet und der Schulungsleiter fordert die Teilnehmer nun auf, Verbesserungsvorschläge zu machen. Was fällt Dir dazu ein? Aussage 1: Das Sofa *Chill-out* war vor einer Woche in der Werbung. Es ist längst ausverkauft, da hätten Sie früher anrufen müssen. Aussage 2: Ich kann Ihnen keine Ware liefern, Sie haben Ihre letzten zwei Rechnungen noch nicht bezahlt.

Hier ist Platz für Deine Notizen. Einen Lösungsvorschlag findest Du am Ende des Buchs.

# Überblick

Bearbeitung einer Anfrage

## Benötigte Daten

Es ist eine Menge zu klären, bis alle Informationen eingeholt sind. Für das Erstellen eines Angebots braucht Hannah im *Lampen Himmel* am Ende folgende Daten:

- Art und Qualität der Ware
- Menge (Maße, Gewicht, Anzahl)
- Preis, Rabatte
- Lieferbedingungen
- Zahlungsbedingungen
- Eigentumsvorbehalt
- Erfüllungsort und Gerichtsstand
- Dauer der Gültigkeit

Bei jedem Auftrag muss sie sich neu konzentrieren und äußerst sorgfältig vorgehen, denn ein Angebot ist ein rechtsgültiger Geschäftsbrief und bildet später den Nachweis für die erbrachte Leistung.

Bevor nun die Angebotsgrundlagen folgen, ist ein Blick auf die wesentlichen rechtlichen Grundlagen zu werfen, die bei Vertragsabschlüssen eine Rolle spielen. Hannah steht mit Gesetzestexten auf Kriegsfuß, aber es hilft nichts, sie muss sie lernen, sonst steht sie nicht nur in der Prüfung auf dem Schlauch, ihr fehlen auch wichtige Grundlagen für den Berufsalltag.

*Nachgefragt!* Was bedeutet Eigentumsvorbehalt? Mit dem Eigentumsvorbehalt kann ein Auftragnehmer sich das Eigentum und Verfügungsrecht an Liefergegenständen bis zum Eingang des vollständigen Kaufpreises sichern. Dies beschreibt den einfachen Eigentumsvorbehalt. Ein verlängerter Eigentumsvorbehalt regelt darüber hinaus, dass auch ein weiterverarbeiteter Gegenstand oder Rohstoff bis zur vollständigen Bezahlung Eigentum des Verkäufers bleibt. Die dritte Variante, der erweiterte Eigentumsvorbehalt, bezieht nicht nur die aktuelle Rechnung für eine Lieferung ein, sondern alle. Erst wenn sämtliche Rechnungen bezahlt sind, geht das Eigentum über.

**Prüfungstipp von Hannah**

Eigentümer ist derjenige, der über die rechtliche Herrschaft an einer Sache verfügt. Der Besitzer ist im Gegenteil dazu derjenige, der die tatsächliche Herrschaft an einer Sache besitzt.

## Vertrag ist Vertrag – oder?

Ein kurzer Abstecher ins BGB: Die vertragstypischen Pflichten sehen für Werkverträge anders aus als für Dienstverträge. Die wichtigsten Unterschiede müssen Hannah, Kevin, Lea und Emir kennen, denn im Bereich Auftragsbearbeitung wird aus einem Angebot mit etwas Glück ein Vertrag.

**Werkvertrag:** Hierbei verpflichtet sich ein Auftragnehmer, im Auftrag eines Bestellers ein Werk (= die Leistung) gegen Zahlung eines Werklohns (= Vergütung) herzustellen oder auch zu reparieren (vgl. BGB § 631):

(1) *Durch den Werkvertrag wird der Unternehmer zur Herstellung des versprochenen Werkes, der Besteller zur Entrichtung der vereinbarten Vergütung verpflichtet.*

(2) *Gegenstand des Werkvertrags kann sowohl die Herstellung oder Veränderung einer Sache als auch ein anderer durch Arbeit oder Dienstleistung herbeizuführender Erfolg sein.*

Der Auftragnehmer zeichnet sich durch wirtschaftliche Selbstständigkeit und eigenverantwortliche Tätigkeit aus. Mit einem Werkvertrag (z. B. für Handwerkerleistungen) verpflichtet er sich – im Gegensatz zum Dienstvertrag (z. B. ein Arbeitsvertrag) – auf Erfolg und trägt damit das unternehmerische Risiko. Der Vertrag kommt durch zwei übereinstimmende Willenserklärungen zustande.

**Dienstvertrag:** Hierbei handelt es sich um einen gegenseitigen Vertrag, der den Dienstverpflichteten zur Leistung und den Dienstberechtigten zur Zahlung der Vergütung verpflichtet (vgl. BGB § 611):

(1) *Durch den Dienstvertrag wird derjenige, welcher Dienste zusagt, zur Leistung der versprochenen Dienste, der andere Teil zur Gewährung der vereinbarten Vergütung verpflichtet.*

(2) *Gegenstand des Dienstvertrags können Dienste jeder Art sein.*

# Rechtliche Grundlagen

Bindungsfrist • Annahmefrist

## Die Dauer der Gültigkeit

Das BGB legt zur **Bindungsfrist** eines Angebots Folgendes fest: *Wer einem anderen die Schließung eines Vertrags anträgt, ist an den Antrag gebunden, es sei denn, dass er die Gebundenheit ausgeschlossen hat* (vgl. BGB § 145).

Wie lange gilt die Bindung an ein Angebot genau? Ein mündliches Angebot ist für die Dauer des Gesprächs bindend, in einer schriftlichen Formulierung ist meistens eine Frist genannt. Wird eine Frist festgesetzt, gilt diese für den Antragenden selbst. Er fühlt sich für genau diese Dauer an sein Angebot gebunden (= befristeter Antrag). Ohne Frist ist auf ein Fax üblicherweise noch am gleichen Tag zu reagieren, auf einen per Post versendeten Brief innerhalb von einer Woche. Gesetzlich ist die **Annahmefrist** folgendermaßen geregelt:

*(1) Der einem Anwesenden gemachte Antrag kann nur sofort angenommen werden. Dies gilt auch von einem mittels Fernsprechers oder einer sonstigen technischen Einrichtung von Person zu Person gemachten Antrag.*

*(2) Der einem Abwesenden gemachte Antrag kann nur bis zu dem Zeitpunkt angenommen werden, in welchem der Antragende den Eingang der Antwort unter regelmäßigen Umständen erwarten darf. (Vgl. BGB § 147)*

Ein einmal gemachtes bindendes Angebot ist eine verbindliche Willenserklärung. Diese ist nur rückgängig zu machen, wenn ein Widerruf vor oder gleichzeitig mit dem Angebot eingeht. Eine E-Mail kann hierbei beispielsweise einem per Post versendeten Brief zuvorkommen.

## Freibleibend

Ein Unternehmer, der nicht sicher ist, ob er einen Preis halten kann, weil seine Rohstoffpreise stark schwanken, oder ob die Ware wirklich lieferbar ist, begibt sich mit einer **Freizeichnungsklausel** auf die sichere Seite.

Freizeichnungsklauseln heben die Bindung an ein Angebot auf, wie beispielsweise *Angebot freibleibend, Preis unter Vorbehalt, Angebot ohne Gewähr, solange der Vorrat reicht* oder *Lieferung vorbehalten*. Diese Formulierungen können auch für einzelne Positionen verwendet werden. Nimmt der Kunde ein Angebot nicht innerhalb einer Frist oder der üblichen Zeiträume an, erlischt es. Auch eine verspätete Annahme gilt als neuer Antrag. Beinhaltet ein Angebot keine Freizeichnungsklausel, ist es kein unverbindliches, sondern ein verbindliches Angebot.

Die Version „solange der Vorrat reicht" ist einzusetzen, wenn noch ein gewisser Vorrat einer Ware vorhanden ist. Dieser darf allerdings nicht zu klein sein, sonst gilt die Formulierung nach dem Gesetz gegen den unlauteren Wettbewerb (UWG) als irreführendes Lockvogelangebot und ist wettbewerbswidrig.

*Nachgefragt!* Was sind der **Erfüllungsort** und der **Gerichtsstand**? Der Erfüllungsort ist der Wohnsitz oder die gewerbliche Niederlassung des Schuldners zum Zeitpunkt der Entstehung des Schuldverhältnisses (vgl. BGB § 269), an dem der Gefahrübergang (= Zeitpunkt, an dem das Risiko des Verlusts oder der Verschlechterung einer Sache vom Verkäufer an den Käufer übergeht) erfolgt. Der Gefahrübergang ist beim Kaufvertrag mit Übergabe der Sache gegeben.

Erfüllungsort und Gerichtsstand kommen bei einer schuldrechtlich zu klärenden Frage ins Spiel. Der Gerichtsstand ist der Ort, an dem ein Gericht im Einzelfall tätig wird, also der Ort, an dem die Klage zu erheben ist. Muss der Gläubiger sich die Leistung beim Schuldner abholen, handelt es sich um eine Holschuld. Erfolgt die Erfüllung am Sitz des Gläubigers, liegt eine Bringschuld vor. Und wenn ein Gläubiger dem Schuldner Geldschulden an dessen Sitz übermitteln muss, ist die Rede von einer Schickschuld. Der Gerichtsstand legt den Ort des zuständigen Gerichts bei einem Rechtsstreit fest. Wenn Lea, die in Köln lebt, im Internet ein Produkt kauft, sie eine Reklamation erhebt und die Sache letztendlich vor Gericht geht, muss sie am Gerichtsstand des Onlinehändlers erscheinen, und das kann auch Flensburg oder München sein.

# Überblick

Bearbeitung einer Anfrage • verlangtes Angebot • unverlangtes Angebot

## Die Sache wird ernst

Zur Vorbereitung eines Angebots muss Hannah bei der *Lampen Himmel GmbH & Co. KG* eine ganze Liste mit relevanten Auftragsdaten abhaken: Können die Hersteller die gewünschten Lampen liefern? Wenn ja, ist die benötigte Menge verfügbar und das zu einem bestimmten Zeitpunkt? Zu welchem Preis kann das Geschäft die Artikel weiterverkaufen und welche Zahlungsbedingungen gelten?

Alle Punkte vorab auf einen Blick:

- Punkt 1: Lieferfähigkeit und Lieferzeit
- Punkt 2: Lieferbedingungen (wie Bezugskosten und Warentransport)
- Punkt 3: Zahlungsmoral und Bonität des Kunden
- Punkt 4: Zahlungsbedingungen
- Punkt 5: AGB
- Punkt 6: Leistungsverzeichnis (LV)
- Kalkulation des Angebotspreises (= Angebotskalkulation, Vorkalkulation oder Zuschlagskalkulation)

Hannah hat Glück. Die *Lampen Himmel GmbH & Co. KG* setzt ein Softwaresystem zur Auftragssteuerung ein, in dem die Mitarbeiter alle Aufträge erfassen, zum einen den direkten Verkauf aus den Filialen, für den meistens kein schriftliches Angebot nötig ist, zum anderen Beleuchtungskonzepte für größere Bauprojekte, für die Angebote zu verfassen sind. Wenn eine Bestellung eingeht, ist im System direkt ersichtlich, was da ist und was nicht und die Ware kann bestellt werden. (Herstellungsbetriebe, die ein System zur Auftragssteuerung und -koordination einsetzen, können in diesem oftmals direkt einen Fertigungsauftrag für die Produktion eingeben und den zeitlichen Ablauf ablesen.)

### Prüfungstipp von Lea

**Verlangtes Angebot – unverlangtes Angebot**

Was ist der Unterschied?

Ein verlangtes Angebot wird auf eine Anfrage hin erstellt. Es beinhaltet konkrete Wünsche eines Kunden.

Einem unverlangten Angebot geht keine Anfrage voraus, z. B. ein Infobrief an bestimmte Personen mit Sonderangeboten oder neuen Artikeln.

Ein Schaufenster ist an die Allgemeinheit gerichtet und deshalb nicht als Angebot zu verstehen.

# Punkt 1

Lieferfähigkeit • Lieferbereitschaftsgrad

## Wir können liefern

Bei der *Lampen Himmel GmbH & Co. KG* geht eine Anfrage eines Architekturbüros über 40 Außenlampen für ein neues Bürogebäude ein. Hannah soll die Anfrage prüfen und ein Angebot erstellen. Vorab muss sie einige Punkte abhaken, um zu klären, ob die Ausfertigung eines Angebots sich überhaupt lohnt. Dazu zählt an erster Stelle die **Lieferfähigkeit und Lieferzeit**. Sie muss also die Fragen klären: Kann der *Lampen Himmel* 40 Außenlampen liefern? Und wann?

Die Lieferfähigkeit (auch Lieferbereitschaft) ist gegeben, wenn eine Ware zum vom Kunden gewünschten Liefertermin lieferbar ist.

Kundenwunschtermin ⇔ Auftragserfüllungstermin

Meistens entstehen in Hannahs Ausbildungsbetrieb keine Lieferprobleme, in wenigen Situationen kommt es jedoch zu Störungen.

Die *Lampen Himmel GmbH & Co. KG* hatte im ersten Halbjahr des laufenden Jahres 36 000 Lampen und Leuchtmittel auszuliefern. 33 500 davon sind fristgerecht erfolgt. Daraus ergibt sich ein **Lieferbereitschaftsgrad** von 93,1 Prozent. Folglich war das Unternehmen in 6,9 Prozent aller Fälle nicht lieferfähig.

Die Formel zur Berechnung des Lieferbereitschaftsgrads: $\text{LBG in \%} = \frac{\text{(Anzahl fristgerecht gelieferter Artikel)}}{\text{Gesamtstückzahl}} \times 100$

Hannah stellt für die 40 Außenlampen, die an die Architekten gehen sollen, Lieferbereitschaft zum anvisierten Termin fest. Nun kann sie mit dem Kunden die Lieferbedingungen besprechen.

*Nachgefragt!* Was bedeutet die Klausel „Lieferfähigkeit vorbehalten“? Und was bedeutet „frei Haus“? Mit „Lieferfähigkeit vorbehalten“ sichert ein Unternehmer sich in einem Lieferungsvertrag ab, keinen Schadensersatz leisten zu müssen, falls er die Ware doch nicht liefern kann. Er muss sich jedoch hinreichend um die Beschaffung bemüht haben.

Wenn die Lieferung im Angebot „frei Haus“ ausgewiesen ist, bedeutet dies, der Lieferant trägt die Transportkosten bis zum Empfänger. Bei der Formulierung „frei Haus“ handelt es sich um eine Handelsklausel.

 

# Punkt 1

Lieferfähigkeit • Optionen • Persönliche Rückfrage

## Es gibt immer eine Alternative

Der Auftrag über die 40 Außenlampen, den Hannah bearbeitet hat, ist glattgegangen. Kunden ändern ihre Meinung aber auch und schwenken auf ein anderes Produkt um. Dann geht der Prozess von vorne los: Lieferfähigkeit abfragen, Liefertermine prüfen ...

Genauso bringen Unternehmen ihrerseits andere Optionen ins Spiel und zwar dann, wenn ein wirtschaftliches Interesse besteht, den Kunden von einer Alternative zu überzeugen. Dies kann unter folgenden Umständen passieren:

1. Der Lagerbestand eines gleichwertigen Produkts ist dringend zu verringern.
2. Ladenhüter sind endlich zu verkaufen.
3. Ursprüngliche Produkte sind nicht mehr lieferbar.
4. Ein anderes Produkt mit einer höheren Gewinnspanne soll verkauft werden.
5. Ein anderes Produkt mit einem höheren Preis soll verkauft werden, um den Umsatz zu steigern.

Hätte das Architekturbüro nicht von vornherein auf eine bestimmte Lampe bestanden, hätte Hannah verschiedene Modelle präsentieren können.

# Punkt 1

## Lieferfähigkeit • Optionen • Persönliche Rückfrage



Hannahs Ausbildungsbetrieb verfährt so, dass Angebotsalternativen vor dem Schreiben des Angebots besprochen werden sollen, damit der Kunde das fertige Schriftstück dann so wie es ist annehmen kann und der Kaufvertrag fix ist. Andere Unternehmen versenden Angebote, die, entweder auf ihre eigene Initiative hin oder auf Wunsch des Kunden, **mehrere Optionen** zur Auswahl offerieren.

Auch wenn keine Absicht besteht, einen Kunden in eine andere Richtung zu drehen, eine **persönliche Rückfrage** kann in vielen Lagen Wunder bewirken, weil die ein oder andere zusätzliche Information zu gewinnen ist.

*Nachgefragt!*

Welchen Nutzen birgt die Möglichkeit der persönlichen Rückfrage?

1. Kunden gewinnen; 2. zusätzliche Informationen erhalten; 3. Interesse und Lösungsbereitschaft signalisieren; 4. exakt den Wünschen des Kunden angepasste Angebote erstellen

 

# Punkt 2

Lieferbedingungen

## Ware versenden

Wenn die *Lila Lounge GmbH* Möbel ausliefern muss, geschieht dies auf unterschiedlichen Wegen, je nachdem, wo die Reise hingeht:

- mit eigenen Lieferfahrzeugen oder einer Spedition ⇨ Straßengüterverkehr
- mit Flugzeugen ⇨ Luftfracht
- mit Zügen ⇨ Eisenbahnverkehr
- mit Schiffen ⇨ Schifffahrt

Kleinere Sendungen gehen per Paketdienst (z. B. DHL, Hermes, DPD) oder Kurierdienste raus.

Zu Kevins Aufgabengebiet gehört die Berechnung der Versandkosten und die Erstellung der Warenbegleitpapiere (wie beispielsweise Lieferscheine, Zollpapiere, Luftfrachtbriefe, Ladelisten, Packlisten, Paketkarten oder Bordero, die Ladelisten, die für Sammelladungen benötigt werden). Er muss also schon vorab wissen, welche Kosten der Warentransport verursacht, um diese ins Angebot einrechnen zu können. In der Beschaffungskalkulation nennt sich dieser Posten Bezugskosten.

Was sind Bezugskosten genau? Bezugskosten sind sämtliche Kosten, die mit dem Transport der Ware zusammenhängen, wie Verpackungsmaterial, Transportversicherung, Zollgebühren, Maut, Kosten für Zwischenlagerung, Ladegebühren, Rollgeld und Frachtkosten.

INFO

Für den Warenversand sind bezüglich des Gefahrübergangs, der Incoterms und der rechtlichen Konsequenzen bei Lieferverzug dieselben Kenntnisse nötig, die Du in Kapitel 2.2 zum Thema Beschaffung findest.

*Nachgefragt!* Was sind Traditionspapiere und was sind Frachtbriefe?
Ein **Traditionspapier** ist ein Wertpapier, wie etwa ein Orderlagerschein oder ein Konnossement (Schiffsfrachtbrief und Warenwertpapier), das die Ware repräsentiert und mit dessen Übergabe der Eigentumsübergang vollzogen ist. **Frachtbriefe** sind Nachweise über den Versand der Ware, die dem Frachtführer, mit dem nach § 407 HGB ein Frachtvertrag geschlossen wurde, zu übergeben sind und der diese mit sich führen muss. Frachtbriefe sind: CMR-Frachtbriefe für die Beförderung auf Straßen, Seefrachtbriefe, Bahnfrachtbriefe, Luftfrachtbriefe (engl. *air waybill*), Posteinlieferungsscheine, Kurierempfangsbestätigungen oder kombinierte Beförderungsdokumente für Transporte, bei denen mehrere Transportmittel unterwegs sind.

## Zahlkräftig

Hin und wieder ist zu prüfen, ob ein Kunde seine Rechnung am Ende auch bezahlen kann. Dann sollte ein Unternehmen eine **Bonitätsprüfung** durchführen oder durchführen lassen. Aber wo?

A) in eigenen Unternehmensdaten in der Kundendatenbank
B) bei der Bank des Kunden mit der Erlaubnis des Kunden (Bankauskunft)
C) bei der Schufa (Voraussetzung ist eine Mitgliedschaft sowie das Einverständnis des Kunden)
D) bei einer Auskunftei oder Internet-Auskunftei (evtl. ist eine Mitgliedschaft nötig und Gebühren sind zu zahlen, z. B. Verband der Vereine Creditreform e.V. oder Dun & Bradstreet Inc.)
E) bei einer Consumer-Bank, mit der eine Kooperation existiert (Abfrage online)

Wenn ein Unternehmen einen Internet-Handel betreibt, setzt es beim Kauf auf Rechnung oftmals standardmäßig eine Bonitätsprüfung voraus.

Hinweis: Eine Bonitätsprüfung darf nur aufgrund eines *berechtigten Interesses* durchgeführt werden. Dazu zählen nach dem Bundesdatenschutzgesetz unter anderem Vorleistungen, Kreditentscheidungen, Vertragsabschlüsse, Kauf auf Rechnung oder Zwangsvollstreckungen.

# Punkt 3

Bonitätsprüfung

## Nicht Zahlkräftig

Mit den zuvor genannten Möglichkeiten lassen sich zahlreiche Faktoren zusammentragen, die dazu beitragen, die Bonität einschätzen zu können. Im zweiseitigen Handelsgeschäft spielt auch die Rentabilität, die Liquidität oder das Image der Vertragspartei eine Rolle.

Wenn das Ergebnis einer Bonitätsprüfung negativ ist und eine Finanzierungsanfrage abgelehnt wird, können dafür verschiedene Gründe vorliegen:

- Schufa Einträge,
- zu geringes Einkommen,
- bereits laufende Kredite,
- unsichere Jobsituation (Probezeit, ungefestigte Selbstständigkeit, kein unbefristeter Arbeitsvertrag),
- kein Wohnsitz in Deutschland,
- laufende Inkassoverfahren,
- ein über ein Limit hinaus erschöpfter Dispokredit.

Die Schufa hält 1,052 Milliarden Daten zu sechs Millionen Unternehmen und 68 Millionen natürlichen Einzelpersonen bereit (Quelle: Schufa). Diese werden mithllfe eines Scoringverfahrens bewertet, um einen Kunden einzuschätzen. Es ist zum Beispiel eine Aussage darüber möglich, ob die Wahrscheinlichkeit eines Zahlungsausfalls besteht.

## Sofort oder in 14 Tagen

Der Verkäufer legt die **Zahlungsbedingungen** fest. Soll ein Kunde eine Rechnung sofort ohne jeglichen Abzug begleichen oder hat er ein Zahlungsziel von 14 Tagen unter Abzug von drei Prozent Skonto? Im Geschäftsverkehr sind zahlreiche Varianten an Zahlungsbedingungen anzutreffen, zum Beispiel auch diese:

- bei Zahlung innerhalb von 10 Tagen 3 % Skonto: Wenn die Rechnung ab Rechnungserhalt innerhalb von 10 Tagen bezahlt wird, können 3 Prozent Skonto vom Rechnungsendbetrag abgezogen werden.
- Zahlbar sofort: Die Zahlung ist sofort fällig.
- Zahlbar in 30 Tagen netto (auch „rein netto"): Vorsicht Falle! Netto bedeutet hierbei nicht abzüglich der Mehrwertsteuer, sondern ohne Abzug von Skonto. Zu zahlen ist der Bruttobetrag innerhalb von 30 Tagen.

Gut, wenn geklärt ist, wann und mit welchen Abzügen die Zahlungseingänge zu erwarten sind und ob Ratenzahlungen oder Teilzahlungen anstehen. Jetzt ist nur noch das WIE festzulegen. Also: Über welchen **Zahlungsweg** ist die Rechnung zu begleichen?

⇨ Bar
⇨ Überweisung
⇨ Scheck
⇨ SEPA Lastschriftmandat
⇨ Kreditkarte
⇨ Vorkasse
⇨ Bezahlsystem-Anbieter
⇨ Mobiles Bezahlen
⇨ Nachnahme

Im Außenhandelsgeschäft wird zudem oftmals das Akkreditiv eingesetzt, mit dem ein Auftraggeber ein Kreditinstitut verpflichtet, die Zahlung innerhalb einer bestimmten Frist zu leisten.

 

# Punkt 5

Allgemeine Geschäftsbedingungen • PRAXIS 5

## Das Kleingedruckte

Die Bedeutung der **AGB – der allgemeinen Geschäftsbedingungen**: Die AGB bilden eine vorformulierte Grundlage zur Regelung der Geschäfte zwischen zwei Parteien, um den Geschäftsverkehr zu erleichtern. Sie dürfen inhaltlich für einen Käufer keine Verschlechterung gegenüber gesetzlichen Regelungen enthalten. Die AGB können etwa das gesetzliche Gewährleistungsrecht nicht beschränken.

Einem privaten Kunden ist bei einem Kauf ein ausdrücklicher Hinweis über das Vorhandensein der AGB zu übermitteln. Und: Sie sind in einer lesbaren Schriftgröße vorzulegen.

Wenn in einem Kaufvertrag auf Basis der AGB die Rechte des Käufers ausgeschlossen oder eingeschränkt sind, kann dies immer nur eine Regelung unter Kaufleuten sein, für private Kunden gilt dies nicht.

*Nachgefragt!* Welche drei Voraussetzungen müssen gegeben sein, damit die allgemeinen Geschäftsbedingungen Bestandteil eines Kaufvertrags werden? Erstens: Die AGB werden als Bestandteil des Kaufvertrags nur gültig, wenn ausdrücklich, etwa in einem Aushang, auf sie hingewiesen wird. Zweitens: Die andere Vertragspartei hat die Möglichkeit, die AGB zur Kenntnis zu nehmen. Drittens: Sie erklärt ihr Einverständnis mit den AGB.

## PRAXIS Übung 5

**Worauf ist bei den AGB im Besonderen zu achten?**

Nenne 5 Punkte.

Hier ist Platz für Deine Notizen. Einen Lösungsvorschlag findest Du am Ende des Buchs.

# Punkt 5

## Allgemeine Geschäftsbedingungen: Vorteile • Nachteile

**Vorteile der AGB:**

- standardisierte Basis für Geschäfte
- Rechtssicherheit
- sind juristisch geprüft
- Rationalisierung: nicht jeder Vertrag ist neu auszuhandeln und juristisch zu prüfen
- Zeit- und Kosteneinsparung
- Verbraucherschutz
- Vertragsfreiheit für Kaufleute
- Möglichkeit der Aufnahme des Eigentumsvorbehalts (der gesetzlich nicht automatisch vorgesehen ist)
- Mindeststandard kann der Praxis angepasst werden (zwecks Risikominimierung)
- die eigene Rechtsposition lässt sich stärken

**Nachteile der AGB:**

- Risiken werden möglicherweise abgewälzt
- Kaufleute schaffen sich ihr eigenes Recht
- mögliche Beschränkung der Rechte für eine Vertragspartei
- falsch formulierte AGB, die einen Vertragspartner unangemessen benachteiligen, sind unwirksam und der Gefahr von (häufig kostspieligen) Abmahnungen ausgesetzt
- schlecht geschriebene AGB können zur Unwirksamkeit von Klauseln führen und vor Gericht Nachteile haben

# Punkt 6

Leistungsverzeichnis (LV)

## Wir bitten um Ihr Angebot

*„Bitte erstellen Sie ein Angebot. Im Anhang finden Sie unser Leistungsverzeichnis."* Wenn diese Aufforderung in einem der Ausbildungsbetriebe von Lea, Kevin, Hannah oder Emir eintrifft, möchte ein Kunde offenbar einen Auftrag erteilen, der in Teilleistungen aufgeführt ist. Dann muss der mögliche Auftragnehmer die einzelnen Leistungspositionen in seinem Angebot aufführen. Kevin musste einmal ein LV für eine öffentliche Ausschreibung bearbeiten und er dachte, die Liste endet nie.

In einem Leistungsverzeichnis sind alle einzelnen zu erbringenden Leistungen aufgeführt, jeder Position ist ein Preis zugeordnet. Hauptsächlich wird das LV im Baugewerbe eingesetzt. Häufig bildet es die Basis für Ausschreibungen.

Das LV bildet für einen Auftraggeber die Grundlage für einen Angebotsvergleich, für Kalkulationen, die Bestimmung der Planungszeiträume oder für die Ermittlung des Ressourcenbedarfs.

Alternativpositionen, die auch Wahlpositionen heißen, können ergänzt werden. Hierbei handelt es sich um Positionen, die als austauschbare Option zu einer Grundposition angegeben ist. Sie sind nicht in den Endpreis mit einzurechnen.

Je nach Art der Leistung können unterschiedliche Bedingungen oder branchenspezifische Bestimmungen gelten, wie die VOB, die Vergabe- und Vertragsordnung für Bauleistungen oder Regelungen nach DIN-Normen des Deutschen Instituts für Normung e.V. Auch die AGB sollten als Vertragsbestandteil genannt sein (§ 305 BGB).

Angebote aufgrund von Leistungsverzeichnissen kommen zu Kevins Erleichterung in seinem Ausbildungsbetrieb eher selten vor. Dagegen zählen die Prüfung von Lieferfähigkeit, Lieferterminen, Lieferbedingungen, Bonität des Kunden, Zahlungsbedingungen und der Einsatz der AGB zum Alltag, da diese Daten zum Erstellen aller Angebote benötigt werden. Schließlich kommt das Plus an Leistung hinzu, der ergänzende Service.

## Service – Service – Service

Zusätzliche Angebote, die über den Verkauf des Produkts hinausgehen, sind nicht nur für den Kunden ein Plus, sie bringen auch Umsatz. Kevin und Hannah haben in ihren Ausbildungsbetrieben den Auftrag, Kunden **Serviceleistungen** aktiv anzubieten, um Kunden zu binden.

Aufbau und Montage bedeuten zusätzliche Einnahmen, ebenso wie kontinuierliche Wartungsverträge. Die Möglichkeit, Waren umtauschen zu können sowie ein kundenfreundliches Beschwerdemanagement und der reibungslose Ablauf möglicher Reparaturen, tragen darüber hinaus zur Kundenbindung bei und damit letztendlich zur Absatzsteigerung.

Mit dem Service hat ein Unternehmen ein Ass im Ärmel, um sich von der Konkurrenz abzuheben. Vor allem, wenn die Produkte sich ähneln, bieten die Serviceleistungen viele Ideen, aus denen Alleinstellungsmerkmale hervorgehen können.

Ein ergänzender Service ist oft der entscheidende Impuls, warum eine Kunde sich entschließt: *„Ich kaufe jetzt in genau diesem Geschäft."* Auch Finanzierungen spielen bei Kaufentscheidungen eine spezielle Rolle.

### Prüfungstipp von Lea

Mögliche Angebote aus dem Bereich Service:

- Beratung
- Planung (z. B. Küchen, Bäder, Gärten)
- Lieferservice (z. B. für Möbel, Medikamente, Lebensmittel)
- Aufbau und/oder Anschluss (z. B. für Möbel oder elektrische Geräte)
- mehrere Lieferoptionen, z. B. Trageservice und Anhänger- oder Transporter-Vermietung
- verschiedene Zahlungsmöglichkeiten, auch Raten- oder Teilkauf
- Informationsvermittlung, z. B. durch Newsletter
- Qualitätskontrollen
- Ersatzteilservice
- Änderungsservice, z. B. bei Kleidung
- Ausgabe oder Versand von Mustern, z. B. bei Stoffen oder Teppichen
- Garantie oder Garantieverlängerung
- persönliche Betreuung durch Key Account Manager

# Finanzierung

Finanzierungsvertrag • Zinsformel

## Kundenfang

Für die *Lila Lounge GmbH* und die *Lampen Himmel GmbH & Co. KG* gehören Finanzierungsangebote zum Alltag. In bestimmten Aktionszeiträumen bieten die Unternehmen eine Null-Prozent-Finanzierung an, normalerweise berechnen sie jedoch Zinsen. Die Unternehmen haben Verträge mit Kreditinstituten, die sich auf Konsumentenkredite (auch Konsumkredit genannt) spezialisiert haben. Das ist für die Azubis Kevin und Hannah ziemlich bequem, da sie nach erfolgter Bonitätsprüfung nur die vorgegebenen Formulare ausfüllen müssen.

Für Konsumentenkredite gilt genauso wie für Bankkredite ein Mindestalter von 18 Jahren.

*Nachgefragt!* Welche Daten gehören im Kern in einen Finanzierungsvertrag?

- Name und Geschäftssitz des Darlehensgebers
- Name, Vorname, Straße, Hausnummer, Postleitzahl, Wohnort des Darlehensnehmers
- Höhe des Darlehens, Zweck
- Laufzeit und monatliche Tilgung, Endfälligkeit der Tilgung
- Fälligkeit der 1. Rate, monatlicher Zahltag der Tilgung (z. B. „...ist jeweils zum 3. Werktag eines jeden Monats zu zahlen.“)
- Verzinsung in % p. a. (in Prozent pro Jahr); Zahlungsturnus der Zinsen
- Kontodaten des Darlehensnehmers: Kontoinhaber, IBAN, Bank, BIC
- Kontodaten des Darlehensgebers: Kontoinhaber, IBAN, Bank, BIC
- Verwendungszweck
- u. U. Sicherheiten
- Kündigungsbedingungen
- Schlussbestimmungen
- sonstige Vereinbarungen
- salvatorische Klausel
- Gerichtsstand, Ort, Datum
- Unterschriften Darlehensgeber und Darlehensnehmer

Prüfungstipp von Emir

**Report-Tipp**

Wenn Du Dich für die Report-Variante entscheidest, überleg Dir bereits zu einem frühen Zeitpunkt Deiner Ausbildung, welche betrieblichen Fachthemen aus Deinem Ausbildungsbetrieb für Deine beiden WQ-Reporte in Frage kommen. Jeder Report soll maximal drei Seiten lang sein.

Kurz vor der mündlichen Prüfung wird die Zeit knapp, denn zwischen dem schriftlichen und mündlichen Teil des zweiten Abschnitts der gestreckten Abschlussprüfung (AP) liegen nur wenige Wochen.

Nimm die Fachaufgabe in der Wahlqualifikation ernst – die Note macht 35 Prozent Deiner Endnote aus!

## Risiko

Die Möglichkeit der Finanzierung kann in Kundengesprächen das ausschlaggebende Argument für den Verkauf eines Produkts spielen. Für ein Unternehmen ist dies folglich ein Mittel zur Kundengewinnung – meistens allerdings ohne gleichzeitig einen Rabatt anzubieten. Jedoch birgt das Spiel mit den Finanzierungen ein Risiko: Was, wenn der Verbraucher die Raten nicht bezahlt? Dann besteht unter bestimmten Bedingungen nach § 498 BGB die Möglichkeit, den Vertrag zu kündigen.

*1) Der Darlehensgeber kann den Verbraucherdarlehensvertrag bei einem Darlehen, das in Teilzahlungen zu tilgen ist, wegen Zahlungsverzugs des Darlehensnehmers nur dann kündigen, wenn*

*1. der Darlehensnehmer a) mit mindestens zwei aufeinanderfolgenden Teilzahlungen ganz oder teilweise in Verzug ist, b) bei einer Vertragslaufzeit bis zu drei Jahren mit mindestens 10 Prozent oder bei einer Vertragslaufzeit von mehr als drei Jahren mit mindestens 5 Prozent des Nennbetrags des Darlehens in Verzug ist und*

*2. der Darlehensgeber dem Darlehensnehmer erfolglos eine zweiwöchige Frist zur Zahlung des rückständigen Betrags mit der Erklärung gesetzt hat, dass er bei Nichtzahlung innerhalb der Frist die gesamte Restschuld verlange.*

Damit es nicht soweit kommt, ist also vor einem Vertragsabschluss abzuwägen, ob er geschlossen werden soll oder nicht.

*Nachgefragt!* Wie lautet die allgemeine (kaufmännische) Zinsformel?

$$Z = \frac{K \cdot p \cdot t}{100 \cdot 360}$$

K = Kapital
p = Prozentsatz
t = Zeit
Z = Zinsen

# Der Angebotspreis

Kalkulation in Produktionsbetrieben

## Welchen Preis können wir machen?

Eine gute Auftragslage sichert die Existenz eines Unternehmens und der Arbeitnehmer. Ein Angebot muss deshalb nicht nur Informationen zu Lieferung und Zahlung enthalten, sondern ebenso einen gut kalkulierten Preis. Als Lea in ihrer Ausbildung zum ersten Mal einen Angebotspreis berechnen sollte, hat sie die Positionen des Kalkulationsschemas ständig durcheinandergebracht. Inzwischen ist sie ebenso fit in der Angebotskalkulation/Vorkalkulation wie ihre Kollegen, um beurteilen zu können, ob ein Produkt die Kosten deckt oder nicht.

Für ein produzierendes Unternehmen gilt folgendes Schema:

| Fertigungsmaterial |
|---|
| + Materialgemeinkosten(-zuschlag) |
| **= Materialkosten** |
| Fertigungslöhne |
| + Fertigungsgemeinkosten(-zuschlag) |
| **= Fertigungskosten** |
| **= Herstellkosten** |
| + Verwaltungsgemeinkosten(-zuschlag) |
| + Vertriebsgemeinkosten(-zuschlag) |
| **= Selbstkosten** |
| + Gewinnzuschlag |
| **= Barverkaufspreis** |
| + Kundenskonto |
| + Provision für Vertreter |
| **= Zielverkaufspreis** (Rechnungspreis) |
| + Kundenrabatt |
| **= Listenverkaufspreis (netto)** |
| + Umsatzsteuer |
| = Bruttoverkaufspreis |

*Prüfungstipp von Kevin*

**Im Hundert rechnen**

Zur Ermittlung von Kundenskonto und Kundenrabatt ist die Prozentrechnung *im Hundert* anzuwenden!

Werden z. B. 2 Prozent Skonto gewährt und kein zusätzlicher Rabatt, sieht die Rechnung wie folgt aus:

$$\text{Skontobetrag €} = \frac{\text{Barverkaufspreis x 2 \%}}{98\ \%}$$

## PRAXIS Übung 6

Das Bankinstitut *Heller & Pfennig* fragt bei Kevin und der *Lila Lounge GmbH* ein Angebot über 20 Büro-Schreibtische Modell „Moon Standard“ an.

Kalkuliere den Nettoverkaufspreis für 20 Schreibtische. Folgende Angaben liegen vor:

| | | |
|---|---|---|
| Fertigungsmaterial (pro Stück): | 150 € | Gewinnzuschlag: 20 % |
| Materialgemeinkostenzuschlag: | 12 % | Skonto: 3 % |
| Fertigungslöhne: | 80 € | Vertreterprovision: 2 % |
| Fertigungsgemeinkostenzuschlag: | 43 % | Rabatt bei Abnahme ab 10 Stück: 10 % |
| Verwaltungsgemeinkostenzuschlag: | 5 % | |
| Vertriebsgemeinkostenzuschlag: | 6 % | |

Hier ist Platz für Deine Notizen. Einen Lösungsvorschlag findest Du am Ende des Buchs.

# Der Angebotspreis

Kalkulation in Handelsbetrieben: Vorwärtskalkulation • PRAXIS 7

## Und welchen Preis machen wir?

Während Kevin und Lea preispolitisch nach dem Kalkulationsprinzip für herstellende Unternehmen verfahren, müssen Hannah und Emir die **Verkaufskalkulation für Handelswaren** anwenden, da ihre Ausbildungsbetriebe keine produzierenden Betriebe sind. Hier entstehen keine Fertigungskosten, dafür jedoch die Handlungskosten, die sich aus Lagerungskosten, Verwaltungskosten und Vertriebskosten zusammensetzen, z. B. Personalkosten, Mieten für Geschäftsräume oder Werbung.

Die **Vorwärtskalkulation** (auch progressive Angebotskalkulation):

| **Listeneinkaufspreis** |
|---|
| – Lieferantenrabatt |
| **= Zieleinkaufspreis** |
| – Lieferantenskonto |
| **= Bareinkaufspreis** |
| + Bezugskosten |
| **= Bezugspreis/Einstandspreis** |
| + Handlungskostenzuschlag |
| + Lagerzins |
| **= Selbstkostenpreis** |
| + Gewinnzuschlag |
| **= Barverkaufspreis** |
| + Kundenskonto |
| + Vertreterprovision |
| **= Zielverkaufspreis** (oder Rechnungspreis) |
| + Kundenrabatt |
| **= Listenverkaufspreis (netto)** |
| + Umsatzsteuer |
| = Bruttoverkaufspreis |

*Nachgefragt!* Welchen Zweck erfüllt die Angebotskalkulation? Mit ihr ist der Preis zu bestimmen, den ein Unternehmen aufrufen muss, um seine Kosten zu decken und Gewinn zu machen.

## PRAXIS Übung 7

Hannah muss zur Erstellung eines Angebots der *Lampen Himmel GmbH & Co. KG* unter anderem die Höhe der Handlungskosten kennen. Nenne drei Beispiele für Handlungskosten.

Hier ist Platz für Deine Notizen. Einen Lösungsvorschlag findest Du am Ende des Buchs.

# DB

Gesamtdeckungsbeitrag • Stückdeckungsbeitrag • Handelsspanne • Einstufige Deckungsbeitragsrechnung

## Kostendeckend ja oder nein

Der Deckungsbeitrag ist zur Preiskalkulation in Herstellungsbetrieben und im Handel gleichermaßen von Bedeutung. Ein Angebotspreis für ein Produkt muss immer so hoch angesetzt sein, dass dieses Produkt zur Deckung der Kosten beiträgt und damit Gewinn zu machen ist. Nur selten werden Produkte mit einem negativen Deckungsbeitrag produziert oder in ein Sortiment aufgenommen.

Im Handel ist der Deckungsbeitrag die Handelsspanne oder Marge.

$$\text{Handelsspanne} = \frac{\text{Rohgewinn}}{\text{Listenverkaufspreis (netto)}} \times 100$$

Deckungsbeitrag und Marge stellen sicher, dass die Leistung zunächst alle durch sie selbst entstandenen variablen Kosten deckt. Der übrigbleibende Betrag muss ausreichen, um die fixen Kosten zu decken.

*Gesamtdeckungsbeitrag = Deckungsbeitrag pro Stück x Absatzmenge* oder *Umsatzerlöse – variable Kosten*

*Deckungsbeitrag pro Stück = Verkaufspreis pro Stück – variable Kosten pro Stück*

Mit der **einstufigen Deckungsbeitragsrechnung** ist das Betriebsergebnis wie folgt zu berechnen:

Umsatzerlöse
– variable Kosten
= Gesamtdeckungsbeitrag
– Fixkosten
= Betriebsergebnis

*Nachgefragt!* Aus welchen Gründen produzieren Unternehmen ein Produkt mit einem negativen Deckungsbeitrag?
1. vertragliche Verpflichtung; 2. Imagegründe; 3. gewinnbringende Folgeaufträge

## Kosten decken

Meist erfolgt eine **Deckungsbeitragsrechnung in mehreren Stufen.** Produzierende Unternehmen stellen dadurch die Deckungsbeiträge unterschiedlicher Produkte, Produktgruppen oder Unternehmensbereiche fest.

Vom Umsatzerlös eines Produkts sind zuerst die variablen Kosten abzuziehen. Das Ergebnis ist der Deckungsbeitrag **I.** Dann führt der Weg durch den Abzug der produktfixen Kosten zu Deckungsbeitrag **II.** Im nächsten Schritt sind die produktgruppenfixen Kosten – das sind die Kosten, die nicht dem einzelnen Produkt, sondern einer Produktgruppe zuzuschreiben sind – abzuziehen, um den Deckungsbeitrag **III** zu erhalten. Schließlich ist diese Summe um die bereichsfixen Kosten zu minimieren, um den Deckungsbeitrag **IV** zu ermitteln.

Die Deckungsbeitragsrechnung lässt sich demzufolge nicht nur für einzelne Produkte, sondern auch auf Produktgruppen, Betriebsbereiche, einzelne Kostenstellen oder das gesamte Unternehmen anwenden.

In letztem Fall sind von Deckungsbeitrag **IV** noch die unternehmensfixen Kosten zu subtrahieren.

Zur Verdeutlichung: Wenn die *Lila Lounge GmbH* aus allen vorhandenen Bereichen, also Sofas, Tische, Stühle, Büroschränke und so weiter, die Deckungsbeiträge zusammenzieht, 2024 waren dies 8.500.000 Euro, und davon die unternehmensfixen Kosten abzieht, die sich für 2024 auf 7.000.000 Euro belaufen, bleibt ein Betriebsergebnis in Höhe von 1,5 Millionen Euro übrig.

| Umsatzerlöse netto |
|---|
| – variable Kosten |
| = Deckungsbeitrag I |
| – produktfixe Kosten |
| = Deckungsbeitrag II |
| Zusammenfassung |
| – produktgruppenfixe Kosten |
| = Deckungsbeitrag III |
| Zusammenfassung |
| – bereichsfixe Kosten |
| = Deckungsbeitrag IV |

## PRAXIS Übung 8

Die *Lila Lounge GmbH* teilt ihr Produktionsprogramm für den Bereich Sofas in die Produktgruppen „Space-Sofas“, die mit einem neuartigen, patentierten „memory foam“ ausgestattet sind und galaktische Bequemlichkeit versprechen, und „Klassische Design-Linie“, die durch zeitlose Eleganz besticht, ein. Zu den Space-Sofas gehören die Modelle „Saturn“ und „Jupiter“, zu den klassischen Modellen „Elegance“ und „Timeless“.

| Die Verkaufspreise netto betragen: | Die Verkaufszahlen im I. Quartal: | Die variablen Kosten: |
|---|---|---|
| „Saturn“: 2.100 Euro | 300 Stück | 200.000 Euro |
| „Jupiter“: 1.680 Euro | 280 Stück | 150.000 Euro |
| „Elegance“: 1.510 Euro | 450 Stück | 220.000 Euro |
| „Timeless: 1.260 Euro | 600 Stück | 280.000 Euro |

Für die einzelnen Modelle fallen folgende produktfixe Kosten (wie Entwicklungskosten, Werkzeugkosten, Patent, Abschreibung für spezielle Maschinen, Marketingkosten) an:

- „Saturn“: 100.000 Euro
- „Jupiter“: 90.000 Euro
- „Elegance“: 40.000 Euro
- „Timeless: 50.000 Euro

Die Produktgruppe Space-Sofas verursacht zudem 320.000 Euro produktgruppenfixe Fixkosten, die Produktgruppe „Klassische Design-Linie“ 300.000 Euro. Hinzu kommen 25.000 Euro bereichsfixe Kosten.

A) Skizziere die Sofas betreffende Produktstruktur der *Lila Lounge GmbH*.

B) Die Anzahl der Teil-Deckungsbeiträge setzt sich aus der Tiefe des Produktionsprogramms zusammen. Berücksichtige alle notwendigen Stufen der Deckungsbeitragsermittlung und ermittle den Betrag, den der Bereich Sofas für das I. Quartal zur Deckung der Fixkosten beiträgt.

C) Kevin soll prüfen, ob für die Sofas unter Umständen die Preisuntergrenze erreicht ist.

## Zukaufen ja oder nein

Entscheidungen fällen mit dem Deckungsbeitrag: *Make or buy?* Die Frage, die ein Unternehmer sich diesbezüglich stellt, lautet: Sollte ich ein Produkt, das ich anbieten möchte, selber produzieren oder bei einem Lieferanten einkaufen?

*Make or buy* heißt: Eigenfertigung oder Fremdbezug? Wenn der Fremdbezugspreis geringer ist als es die variablen Stückkosten bei der Eigenfertigung sind, fällt die Überlegung pro Zukauf aus. Ein Beispiel: Die *Lila Lounge GmbH* denkt darüber nach, ob ein neues Regal selbst hergestellt oder von einem Zulieferer aus Polen eingekauft wird. Die Fixkosten für die Betrachtungsperiode betragen 100.000 Euro, die variablen Kosten pro Stück 100 Euro. Beim Bezug aus Polen entstehen keine Fixkosten, stattdessen jedoch höhere variable Kosten (u.a. Transportkosten, Verpackung, Gewinnspanne des polnischen Unternehmens) in Höhe von 150 Euro. Die geschätzte Absatzmenge für die relevante Periode beträgt 2.600 Stück.

| Fremdbezug: *buy* | |
|---|---|
| jährliche Fixkosten | variable Kosten pro Stück |
| 0 | 150,00 € |
| | 390.000,00 € |

| Eigenfertigung: *make* | |
|---|---|
| jährliche Fixkosten | variable Kosten pro Stück |
| 100.000,00 € | 100,00 € |
| | 360.000,00 € |

Die variablen Stückkosten betragen **150,00 Euro** bei Fremdbezug und **138,46 Euro** (360.000,00 / 2.600 = 138,46) bei Eigenfertigung. Die Entscheidung lautet: *make*!

Die Kosten sind im Allgemeinen das bedeutungsvollste Argument bei *Make* oder *buy* Entscheidungen. Dennoch sind zudem Faktoren wie Zeit, Qualität und Menge zu beachten. Denn die Ware muss auch in der gewünschten Menge, in guter Qualität und zum angestrebten Termin verfügbar sein.

*Nachgefragt!* Welche Vorteile hat die Eigenfertigung, welche der Fremdbezug? Vorteile Eigenfertigung: Kontrolle über die Fertigung, keine Abhängigkeit vom Lieferanten, Know-how bleibt im Unternehmen. Vorteile Fremdbezug: Fixkosten entfallen, Zugriff auf andere technische Möglichkeiten, Flexibilität.

# Schriftliches Angebot

Grundlagen Briefaufbau

## Eindruck schinden

Kevin hat eine Kundenanfrage vom Bankinstitut *Heller & Pfennig* auf dem Tisch liegen: Die *Lila Lounge GmbH* soll 20 weiße Büro-Schreibtische „Moon Standard" liefern. Der Auszubildende hakt alle Punkte ab: Die *Lila Lounge GmbH* ist lieferfähig. Sie kann den erbetenen Termin einhalten, Kevin hat den Preis kalkuliert, die Bonität des Kunden überprüft und die Zahlungsbedingungen festgelegt. Jetzt ist das Angebot zu schreiben und zwar möglichst so gut, dass es besser ist als die der Konkurrenz, denn die meisten Kunden werden mehrere Offerten vorliegen haben und einen Angebotsvergleich oder eine Nutzwertanalyse durchführen.

Auch auf dem Papier zählt der erste Eindruck! Diesen macht die **Formulierung** am Anfang des Angebotsschreibens. Hier einige Vorschläge:

- *Wie versprochen erhalten Sie hier mein Angebot für...*
- *Vielen Dank, dass Sie auf unsere Kompetenz vertrauen. Wir können Ihnen folgendes Angebot machen.*
- *Wir freuen uns, dass Sie von der Qualität unserer Produkte überzeugt sind und unterbreiten Ihnen folgendes Angebot.*
- *Vielen Dank für das in uns gesetzte Vertrauen. Gerne unterbreiten wir Ihnen nachstehendes Angebot.*
- *Wir bedanken uns für Ihr Interesse und möchten Ihnen folgendes Angebot machen.*
- *Die von Ihnen gewünschten Produkte können wir Ihnen zu folgenden Konditionen anbieten.*
- *Ihrem Wunsch gemäß bieten wir Ihnen das Produkt/die Produkte wie folgt an: ...*
- *Bezüglich Ihrer Anfrage vom xx.xx. unterbreiten wir Ihnen folgendes Angebot.*

Ein Angebot muss übersichtlich und strukturiert aufgebaut sein, damit der Kunde es nicht zuerst wie eine geheime Schatzkarte entschlüsseln muss.

### Prüfungstipp von Kevin

Angebote zählen zur Geschäftskorrespondenz, für die folgender **Briefaufbau** zählt:

- Briefkopf
- Adressfeld
- Bezugszeichenzeile
- Datum
- Kommunikationszeile
- Betreff
- Anrede
- Textaufbau und Inhalt
- Brief-Abschluss (Grußformel, Anlagen)
- Fußzeile mit gesellschaftsrechtlichen Angaben

## PRAXIS Übung 9

Kevin muss dem Bankinstitut Heller & Pfennig nun das Angebot über die 20 weißen Büro-Schreibtische des Modells „Moon Standard“ schicken. Die Ware soll in sechs Wochen geliefert werden. Der Angebotspreis für einen Schreibtisch liegt bei 439,00 Euro abzüglich 10 Prozent Rabatt. Die Lieferung erfolgt durch die Möbelspedition „Hopp“, Kosten netto 250,00 Euro.

Schreibe ein Angebot.

Du benötigst folgende Angaben:

Lila Lounge GmbH
Arne-Jacobsen-Straße 71
33334 Gütersloh

Angebotsdatum: 01.12.2025
Angebotsnummer: 17/80
Kundennummer: 204D2
Angebot gültig bis: 15.12.2025
Ansprechpartner: Kevin Grabowski

Bankinstitut Heller & Pfennig
Münzplatz 1
33334 Gütersloh
Ansprechpartner Udo Zinsmann

# Der Auftrag

Kundenauftrag • Auftragnehmer • Auftraggeber

## Der Auftrag

Mit etwas Glück und allem was sie über Kommunikation gelernt haben, stecken die Auszubildenden Lea, Kevin, Hannah und Emir am Ende eines Beratungsgesprächs oder eines "gewonnenen" Angebotsvergleichs einen **Kundenauftrag** in die Tasche.

Mit der Auftragserteilung fordert ein Kunde den **Auftragnehmer** auf, eine Leistung zu erbringen, entweder die Lieferung eines Rohstoffs, die Herstellung eines Produkts, die Lieferung eines Produkts oder die Erbringung einer Dienstleistung. Ein Auftragnehmer ist folglich ein Unternehmer aus einem dieser Leistungsbereiche: Produktion, Handel oder Dienstleistung.

Der Kunde ist der **Auftraggeber**, der durch den Kundenauftrag den Startschuss für die Auftragsabwicklung gibt, die zur Erfüllung der Leistung führt (dazu mehr in Kap. 2).

*Nachgefragt!* Was ist die Drei-Sektoren-Hypothese? Die drei Sektoren bezeichnen in der Volkswirtschaft den Primärsektor, den Sekundärsektor und den Tertiärsektor. Der primäre Sektor beschreibt die Urproduktion, die Rohstoffe hervorbringt. Im sekundären Sektor werden die Rohstoffe verarbeitet, hierzu zählen demzufolge die weiterverarbeitenden und produzierenden Betriebe. Dem tertiären Sektor sind die Dienstleistungen sowie der Handel zugeordnet.

## Kundenbestellungen prüfen

Eine Bestellung gelangt über mehrere Wege ins Haus:

1. formlos und persönlich durch einen Kunden
2. über das Internet
3. über mobile Kommunikationsgeräte
4. (Bestellformular) per Fax
5. (Bestellformular) per Brief
6. telefonisch
7. über ein automatisches Bestellsystem
8. durch Akquise der Mitarbeiter und Außendienstmitarbeiter

Ist die Bestellung eingegangen, startet der Prozess der Auftragsabwicklung:

Auftrags-übermittlung → Auftrags-bearbeitung → Auftragszusam-menstellung und/oder Fertigung → Versand → Fakturierung → Zahlungs-eingänge überwachen

Als erstes ist zu prüfen, ob die eingehende Bestellung mit dem ursprünglichen Angebot übereinstimmt. Folgende Punkte sind dabei abzuhaken: Anschrift, Leistungsinhalt, Preise, Rabatte, Zahlungsbedingungen, Zahlart, Artikelnummern und Termine.

### Prüfungstipp von Lea

Wir sollten üben, eine Bestellung zu schreiben. Denk an diese Punkte:

- Anschrift
- Informationsteil
- Betreff
- Anrede
- Einleitung und Bezug zum Angebot („bezugnehmend auf Ihr Angebot…")
- Artikel mit Artikelnummern
- Menge
- Preis, Rabatt, Bezugskosten
- Lieferzeit
- Zahlungsbedingungen + Zahlart
- Schlusssatz
- Gruß
- Anlagen
- Firma, Vollmacht
- Unterschrift

# Kaufvertrag

Gleichlautende Willenserklärung

## Kundenbestellungen prüfen

Die Prüfung einer eingehenden Bestellung zielt darauf ab, ob alles stimmt und ob tatsächlich ein **Kaufvertrag** zustande kommt. Denn hin und wieder ändert ein Kunde seine Wünsche, nachdem er das Angebot bekommen hat. Er entscheidet sich zum Beispiel für eine andere Farbe oder eine andere Menge. „Kein Problem, das ändere ich schnell ab", dachte Kevin, nachdem er in den Anfangswochen seiner Ausbildung eine Bestellung, die vom Angebot abwich, bearbeiten musste. Rechtlich macht eine Änderung jedoch einen gewaltigen Unterschied aus. Denn: Unter diesen Umständen kommt KEIN Kaufvertrag zustande. Ein Kaufvertrag beruht auf zwei **gleichlautenden Willenserklärungen**. Bei einer **Änderung** liegen aber genau diese nicht vor, da sie nicht gleich sind.

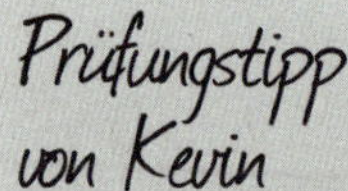


Angebot des Verkäufers + Annahme des Käufers = **Kaufvertrag**

Der Verkäufer verpflichtet sich, einem Käufer eine Sache frei von Sach- und Rechtsmängeln zu übergeben. Der Käufer muss den vereinbarten Kaufpreis zahlen und die gekaufte Sache abnehmen (vgl. BGB § 433). Er wird Eigentümer der Sache. Eine Sache ist z. B. ein materielles Gut, ein Wertpapier, eine Dienstleistung oder auch ein gesamtes Unternehmen.

*Nachgefragt!* Was bedeuten Nichtigkeit und Anfechtung? Eine Willenserklärung oder ein Rechtsgeschäft ist als **nichtig** zu erklären, wenn eine Partei nicht geschäftsfähig ist, wenn sie bewusstlos oder geistesgestört ist, wenn ein Scheingeschäft, ein Wucher, eine Sittenwidrigkeit, ein Gesetzesverstoß oder ein Formmangel vorliegt oder bei einem Mangel an Ernstlichkeit. **Anfechtbar** sind Irrtümer, falsche Übermittlungen oder Willenserklärungen, die aufgrund von Täuschungen oder Drohungen ausgesprochen wurden.

## Bringen wir's zu Ende

Die beiden folgenden Fälle verdeutlichen den Effekt, den eine **Änderung** hat.

Erster Fall: Das Bankinstitut *Heller & Pfennig* bestellt die 20 weißen Büro-Schreibtische „Moon Standard“ laut Angebot. ⇨ Ein rechtsgültiger Kaufvertrag entsteht. Der schuldrechtliche Grundstein für die weitere Bearbeitung des Auftrags ist gelegt.

Zweiter Fall: Der Kunde bestellt die 20 Büro-Schreibtische in hellgrau. ⇨ Es erfolgt KEIN rechtsgültiger Kauf, da die Willenserklärungen **NICHT gleichlautend** sind. Der Kunde hat die Spezifikation der Güter verändert. Hellgrau ist nicht weiß.

Heute weiß Kevin, dass er dem Kunden im zweiten Fall eine **Auftragsbestätigung** mit der geänderten Spezifikation übermittelt. Dies ist die Annahme des Antrags/der Bestellung.

Oder er schreibt ein neues Angebot mit der geänderten Farbe, das dann einen neuen Antrag darstellt. Eine Bestellung durch *Heller & Pfennig* ist dann die Annahme.

# Kaufvertrag

Gleichlautende Willenserklärung • Nicht gleichlautende Willenserklärung • Auftragsbestätigung

## Verspätete Annahme

Für einen bereits vereinbarten, auf gleichlautenden Willenserklärungen beruhenden Vertrag gilt die Auftragsbestätigung als Mitteilung über die Annahme. Sie ist nicht zwingend erforderlich für das Zustandekommen eines gültigen Kaufvertrags.

Die Auftragsbestätigung ist im Geschäftsverkehr üblich, da sie Missverständnissen vorbeugt und vor allem nach mündlichen oder telefonischen Kaufverträgen der schriftlichen Absicherung dient. Zu beachten ist noch ein Sonderfall, wie Emir ihn erlebt hat:

Emir hat für das Modekaufhaus *„Frech & In"* sein erstes eigenes Konzept für eine Online-Werbekampagne komplett selber erarbeitet. Er sendete dem Kunden sein Angebot, das bis zum 30.06.2025 befristet war. Der Leiter der Marketingabteilung von *„Frech & In"* war von Emirs innovativen, kreativen Ideen begeistert und sendete ihm am 07.07.2025 eine Zusage. Emir hatte schon ungeduldig gewartet. Als die Auftragserteilung erfolgt war er stolz und freute sich – zu früh.

§ 148 BGB: *Hat der Antragende für die Annahme des Antrags eine Frist bestimmt, so kann die Annahme nur innerhalb der Frist erfolgen.*

Das Angebot war erloschen. Die verspätete Antwort des Marketingleiters gilt nach § 150 BGB als neuer Antrag und eine neue Annahme muss erfolgen. Das hat Emir natürlich unverzüglich erledigt.

## PRAXIS Übung 10

Entscheide, ob ein Kaufvertrag zustande gekommen ist und begründe Deine Entscheidung.

**Fall 1**

Hannah versendet auf gut Glück den neuen Katalog der *Lampen Himmel GmbH & Co. KG*, unter anderem an die *Bienenstock Fertighaus GmbH*. Diese übermittelt anschließend eine Bestellung über 100 Wandlampen. Hannah erstellt eine Rechnung und versendet diese mit den Lampen an das Fertighaus-Unternehmen.

**Fall 2**

Der Passant Kurt Müller entdeckt im Schaufenster der *Lila Lounge GmbH* das Sofa „Saturn". Er betritt das Geschäft und bestellt das Sofa bei Kevin.

**Fall 3**

Die *PRIMA Kölsch Privatbrauerei GmbH & Co. OHG* möchte Mitte September die Restbestände eines sommerlichen Biermischgetränks verkaufen. Lea bietet den Getränkegroßhändlern die Palette für einmalig 380,00 Euro an, solange der Vorrat reicht. Großhändler Fröhlich bestellt 3 Paletten.

Hier ist Platz für Deine Notizen. Einen Lösungsvorschlag findest Du am Ende des Buchs.

# Auftragseingang

## Auftrag bestätigen

### Check!

**Checkliste Auftragsbestätigung**

- Beschreibung der Ware/Dienstleistung
- Stückzahl
- Qualität
- Preis
- Rabatte
- Lieferbedingungen, wie Kostenübernahme für Transport und Verpackung
- Lieferdatum/Leistungsdatum
- Zahlungsbedingungen
- Eigentumsvorbehalt
- Erfüllungsort und Gerichtsstand

Arbeitet ein Unternehmen mit einem Warenwirtschaftssystem, ist in diesem der Status eines Angebots auf „angenommen“ zu setzen, um es in einen Auftrag umzuwandeln. Nach der Abwicklung ist der Status dann auf „erfüllt“ zu setzen.

## PRAXIS Übung 11

Hannah, die ihre Ausbildung bei der Lampen Himmel GmbH absolviert, hat der Neumann Bauunternehmung GmbH ein Angebot über 50 Außenlampen für ein neu zu erbauendes Bürogebäude gesendet. Als Liefertermin hat sie zwei Wochen ab Bestelldatum eingesetzt. Der Bauleiter des Bauunternehmens bestellt die Lampen laut Angebot, möchte sie jedoch bereits in zehn Tagen haben.

Wie sollte Hannah jetzt vorgehen, damit der Kaufvertrag rechtsgültig zustande kommt?

Hier ist Platz für Deine Notizen. Einen Lösungsvorschlag findest Du am Ende des Buchs.

# Auftragseingang

Auftragsannahme

## Eingetütet!

Die genaue Prüfung des **Auftragseingangs** ist ein wichtiger Arbeitsvorgang, da die Annahme gleichlautend mit dem Angebot sein und ohne Verspätung eintreffen muss, damit der Kaufvertrag rechtskräftig ist und das Geschäft eine rechtliche Grundlage erhält. Ist alles in Ordnung, ist der Auftrag von nun an als gültiger Baustein der zukünftigen Auftragslage zu betrachten.

Als Kennzahl trifft der Auftragseingang eine Aussage über das kommende Auftragsvolumen eines Unternehmens. Als solche bildet sie die Basis für Entscheidungen bezüglich der benötigten Ressourcen in der Produktion und im Vertrieb.

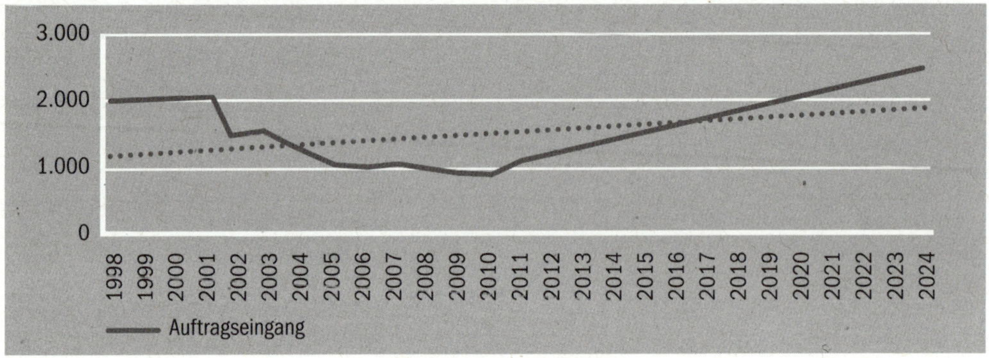


Auftragseingang der *Lampen Himmel GmbH & Co. KG* seit Gründung des Unternehmens

Je nachdem, ob sich der Auftragseingang erhöht oder verringert, lassen sich Stärken und Schwächen aufdecken, mögliche Ursachen ermitteln und Verbesserungen herbeiführen.

## PRAXIS Übung 12

Der Auftragseingang bei *Second Sight Ltd.* liegt 21 Prozent über dem des Vorjahres, die Auftragskurve steigt kontinuierlich an. Wie sollte das Unternehmen darauf reagieren?

Hier ist Platz für Deine Notizen. Einen Lösungsvorschlag findest Du am Ende des Buchs.

# Auftragseingang

Auftragserfassung • Stammdaten

## Aufgenommen!

Auftragserfassung bedeutet, der Kundenauftrag ist anzulegen. Stammkunden sind bereits im Stammdatensatz zu finden und eventuell zu ändern, die Daten der Neukunden sind neu aufzunehmen.

Sofern die Auftragserfassung nicht bereits automatisch erfolgte, in einem Softwaresystem oder auch bei Bestellungen über das Internet, müssen die Angaben von Hand eingegeben werden.

Dieses Grundgerüst an Daten gehört dazu:

- Name und Anschrift des Kunden
- eventuell eine Kundennummer vergeben
- Auftragsnummer
- Datum des Auftrags
- Spezifikation, also genaue Beschreibung des Auftrags, wie Positionen, Beschreibung, Menge, Farbe, Artikelnummer, Preis
- Endsumme mit Zahlungsbedingungen
- Lieferbedingungen
- u.U. Unterschriften

Stammdatenpflege: Sobald sich Kundendaten ändern, sind diese auch im Datensatz anzupassen. Somit ist sichergestellt, dass nachfolgende Prozesse problemlos abzuwickeln sind und am Ende eine korrekte Kundenrechnung herauskommt.

*Nachgefragt!* Was ist unter Kundenauftrag zu verstehen?
Unter Kundenauftrag ist die Aufforderung eines Kunden zu verstehen, eine Leistung in Form einer Dienstleistung oder der Herstellung und/oder Lieferung eines Produkts zu erbringen, die mit einem gewissen Aufwand verbunden ist.

## Von der Auftragsinitiierung zur Abwicklung

Die Vorbereitungen sind abgeschlossen: Der Kunde hat eine fachmännische und kaufmännisch überzeugende Beratung erhalten, er nimmt zusätzlichen Service in Anspruch, die Kalkulationsdaten sind errechnet und ins Angebot eingeflossen und der Kunde hat das Angebot angenommen.

Eine ganze Menge ist geschehen, ohne dass ein Produkt oder Material zu bewegen war.

Aber nun ist die Abwicklung des Auftrags an der Reihe, in der die Güter in Bewegung zu setzen sind. Hierbei wird der Güterfluss vom Informationsfluss wie von einem guten Freund begleitet, um in den richtigen Momenten die passenden Hebel zur Planung, Steuerung und Kontrolle ziehen zu können.

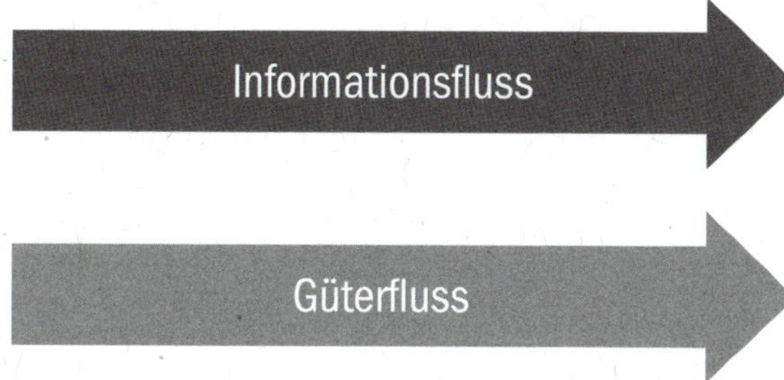

# Einleitung

## Station 2: Auftragsabwicklung

Alles begann mit einem Verkaufsgespräch in einem Geschäft, mit einer telefonischen Order, einer Online-Bestellung, mit der Übermittlung eines Bestellformulars oder mit prall gefüllten Auftragsbüchern aufgrund der fleißigen Akquise der Außendienstmitarbeiter. Als nächstes sind folgende Schritte an der Reihe:

2.1 Zeit- und Ressourcenplan in Abstimmung mit den Beteiligten erstellen

2.2 auftragsrelevante Beschaffungen sicherstellen

2.3 auftragsbegleitend mit Kunden kommunizieren

2.4 Soll- und Ist-Vergleich der Leistungserbringung durchführen, bei Bedarf nachsteuern

2.5 Abnahme der Leistung veranlassen

Die Auftragsinitiierung hast Du an Station 1 erfolgreich absolviert. Weiter geht's mit der Auftragsabwicklung.

Gönn Dir zuvor eine Pause!

## Wie läuft der Auftrag ab?

Derjenige, der den Auftrag abwickelt, stellt sich folgende Fragen, um Produkte oder Material, Personal, Zeit und Logistik zu koordinieren:

- Welches Produkt oder welche Produkte brauche ich?
- Welche Teile und Materialien müssen bereitstehen?
- Welche Arbeitsabläufe sind nötig?
- Welches Personal mit welcher Qualifikation wird im Einsatz sein?
- Reicht das zur Verfügung stehende Personal?
- Reicht das Geld?
- Wie ist der Zeitplan?

Die Ressourcenplanung bildet die Grundlage für die Beschaffung und Koordination von Material und Personal, damit kein Chaos entsteht. Sonst stehen womöglich zu wenig Leute mit dem falschen Material am falschen Einsatzort.

Wenn es eng wird, sind rechtzeitig Maßnahmen zu ergreifen: Abläufe umstrukturieren, mehr Personal einsetzen, den Zeitplan ausdehnen oder Tätigkeiten priorisieren, zum Beispiel mit der ABC-Analyse oder der Eisenhower-Methode.

# Grundlagen Zeitmanagement

Prioritäten setzen • ABC-Analyse • Eisenhower-Methode

## Das Wichtige zuerst

Damit ein Vorgang, ein Arbeitspaket, ein Auftrag oder ein Projekt laut Terminplan durchgeführt wird, sind die richtigen Ressourcen zur richtigen Zeit am richtigen Ort einzuplanen.

Die Entscheidung, was als erstes erledigt werden muss, ist an eine chronologische, terminbedingte Reihenfolge geknüpft oder auch an die richtige **Priorisierung**. Dazu ist die **ABC-Analyse** eine geeignete Methode.

A-Aufgaben = sehr wichtig, zuerst abarbeiten

B-Aufgaben = mittelwichtig, bald fertigmachen oder delegieren

C-Aufgaben = weniger wichtig, später erledigen, ohne viel Aufwand

Auch die **Eisenhower-Methode** ist ein hilfreiches Instrument aus dem Zeitmanagement. Dieses Verfahren sieht vier Kategorien zur Einordnung der To-dos vor. Sie sind als sogenannte Eisenhower-Matrix darzustellen. Wichtig ist alles, was Dich Deinem Ziel näherbringt. Dringend ist alles, was Zeitdruck auslöst und eine umgehende Reaktion erfordert.

1 = wichtig UND dringend; sofort selber bearbeiten

2 = wichtig, aber nicht dringend; bald selber bearbeiten

3 = dringend, aber nicht wichtig; delegieren und überwachen

4 = nicht wichtig und nicht dringend; auf später verschieben oder in den Papierkorb befördern

Wichtigkeit
hoch
niedrig
2 erst terminieren, dann erledigen
1 sofort erledigen
4 Papierkorb
3 delegieren, kontrollieren
niedrig
Dringlichkeit
hoch

*Nachgefragt!* Welche Warnhinweise deuten auf ein schlechtes Zeitmanagement hin?
Behalte Deine Abläufe im Blick. Folgende Warnhinweise sollten Dich aufhorchen und über Veränderungen nachdenken lassen: vermehrtes Vergessen von Aufgaben, sich einschleichende Flüchtigkeitsfehler, Konzentrationsmangel, häufige Stresssituationen oder aufkommende Hektik.

## Entspannt durch den Arbeitstag

Die To-do-Liste will nicht enden, der Tag ist zu kurz, Lieferfristen drängen. An solchen Tagen ist Lea verzweifelt und sie fragt sich: Wie ist das alles bloß zu schaffen? Aber wetten, sie schiebt Aufgaben vor sich her? Lässt sich von sinnlosem Kleinkram ablenken, holt sich noch einen Kaffee und einen Keks und quatscht mit ihrer Kollegin, bis sie an den Arbeitsplatz zurückkehrt. Das ist normal. Ein Ausweichmanöver als Reaktion auf den unüberwindbar erscheinenden Berg an Arbeit. Kennst Du das auch? Gegen die intrinsische Trödelstrategie hilf nur eins: Vorgehen nach Methoden zur Förderung der Disziplin und effizienter Erledigung aller Aufgaben. Zwei hast Du bereits kennengelernt, die ABC-Methode und die Eisenhower-Methode. Jetzt nimmst Du noch die Pomodoro-Methode und die Technik des Timeboxing in Dein Selbstmanagement-Portfolio auf.

Immer ein kleines Stück weiter mit der **Pomodoro-Methode**

Kein Menü, sondern Häppchen sind nach der Pomodoro-Methode das Geheimrezept. Eine Arbeitseinheit ist in vier 25-Minuten-Intervallen mit drei fünfminütigen Pausen zu erledigen. Danach wartet eine 30-minütige Pause als Belohnung. Das Vorgehen ist denkbar einfach: Aufgaben notieren, Timer abwechselnd auf 25 Minuten und fünf Minuten stellen und fertig!

30 Minuten Pause

→ umfangreiche Aufgaben in 25-Minuten-Abschnitte aufteilen

→ viele kleine Aufgaben zu einem 25-Minuten-Paket zusammenfassen

Der Erfinder der Methode, der Italiener Francesco Cirillo, hat zur Zeitmessung der Intervalle eine Küchenuhr in Tomatenform verwendet, daher der Name (Tomate = ital. Pomodoro). In der Auftragsabwicklung kommt sie zum Einsatz, um den Tag bereits am Morgen zu planen und zu organisieren, die Zeit effizient zu nutzen, konzentriert zu bleiben, motiviert durch den Tag zu kommen und um alles zu schaffen. Genau das Richtige für Lea!

# Grundlagen Zeitmanagement

Pomodoro-Methode • Timeboxing

## Zeitpakete packen mit Timeboxing

Eine Timebox beschreibt eine Zeitspanne, die für eine Aufgabe oder eine Aufgabenreihe zur Verfügung steht. Durch Konkretisieren, Priorisieren und Strukturieren ist der entscheidende Schritt getan, fokussiert zu arbeiten. Der Vorteil eines festgezurrten Zeitraums liegt darin: Wenn Du 45 Minuten Zeit hast, siehst Du zu, dass Du in dieser Frist auch fertig wirst.

Im Gegensatz zur Pomodoro-Methode sind die Intervalle beim Timeboxing nicht mit 25 Minuten vordefiniert, sondern individuell wählbar. Also: Timebox 1 mit einer Aufgabe packen und entscheiden wie viel Zeit sie beansprucht. Dann Timebox 2 beladen und neu überlegen, wie lange die Handlung dauert. Und so geht es weiter, bis zum wohlverdienten Feierabend!

Mit der Timeboxing-Technik lässt sich nicht nur eine Tagesplanung erstellen, auch die Anwendung auf eine gesamte Arbeitswoche ist denkbar.

*Nachgefragt!* Im Zeitplan bleiben, das ist bei der Auftragssteuerung mit all ihren möglichen Störungen eine ganz schöne Herausforderung. Welche Methoden des Zeitmanagements kennst du, mit denen die Erledigung dennoch effizient und fristgerecht gelingt? – Beispiele: ABC-Methode, Eisenhower-Methode, Pomodoro-Technik, Timeboxing

### Prüfungstipp von Lea

Pomodoro und Timeboxing sind auch optimal zum Lernen für die Prüfung geeignet.

Probiere es aus!

Die Vorteile der Methoden des Zeitmanagements:

- das Anfangen erleichtern
- mehr schaffen
- inneren Druck minimieren
- weniger anstrengend
- Erfolgserlebnis nach kurzen Etappen
- Konzentration auf Wesentliches
- zielgerichteter vorgehen
- Deadlines einhalten
- effizient arbeiten
- verdiente Pausen genießen

## Alles richtiggemacht

Was wird benötigt, um einen Auftrag abzuwickeln? Und wann muss wer wohin? Je nach Auftragseingang sind mehr oder weniger **Ressourcen** einzuplanen. Das heißt: Es gibt kein Patentrezept, jedoch hat die Ressourcenplanung den Anspruch, vollständige Planungsdaten vorzulegen, damit sich daraus ein zuverlässiger Überblick ergibt.

Was sind Ressourcen? Ressourcen sind Einsatzmittel, die zur erfolgreichen Durchführung eines Auftrags benötigt werden.

- personelle Ressourcen (engl. *human ressource*): internes Personal, Fachkräfte mit speziellem Know-how, Fremdpersonal
- finanzielle Ressourcen: besonders hohe Liquidität
- Sachmittel, Büromaterial, Räume
- nicht greifbare Ressourcen: außergewöhnliches Image, besonders große Bekanntheit, Informationen, Know-how
- greifbare Ressourcen: Maschinen, spezielle technische Anlagen, Patente, Werkstoffe mit einem bestimmten Merkmal

Was – wann – wer - wie viel – und wo? Die wichtigste Regel bei der Ressourcenplanung lautet: Die benötigten Ressourcen müssen zur richtigen Zeit, am richtigen Ort in der richtigen Art, der geforderten Qualität und in der bestellten Menge verfügbar sein.

Die Bedarfsermittlung stellt den Soll-Bestand fest. Die aktuelle Kapazität gibt den Ist-Bestand wieder. Reicht der Ist-Bestand nicht aus, beispielsweise Material oder Waren im Lager oder die Anzahl der Mitarbeiter, sind Maßnahmen zu ergreifen, den Soll-Bestand zu erreichen, um die Durchführung eines Auftrags zu gewährleisten.

# Ressourcenplan

Ressourcentabelle

## Alles im Blick

Mit einer Ressourcentabelle (z. B. aus dem Projekt-Management von MS Project oder Excel) hat ein Unternehmen seine Ressourcen immer im Blick. Das Prinzip einer solchen Tabelle sieht folgendermaßen aus:

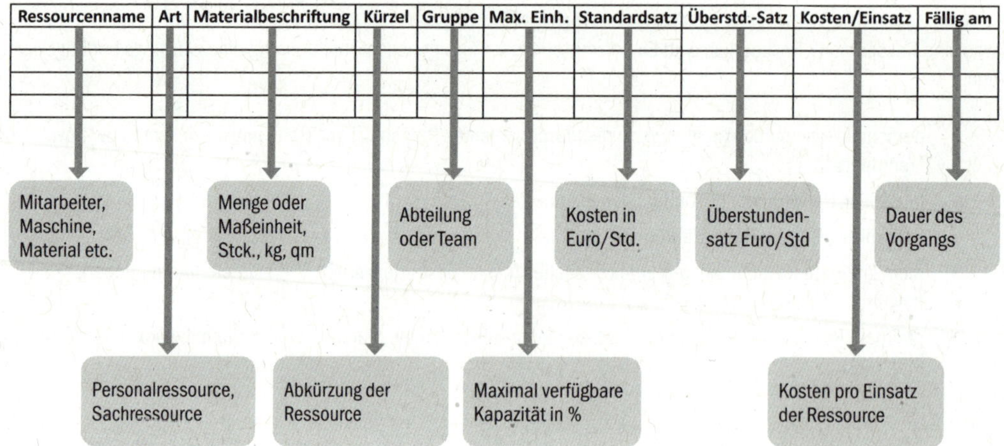

| Ressourcenname | Art | Materialbeschriftung | Kürzel | Gruppe | Max. Einh. | Standardsatz | Überstd.-Satz | Kosten/Einsatz | Fällig am |
|---|---|---|---|---|---|---|---|---|---|
| | | | | | | | | | |
| | | | | | | | | | |
| | | | | | | | | | |
| | | | | | | | | | |

## PRAXIS Übung 13

A) Nenne fünf Ressourcen, die im Zusammenhang mit der Ressourcenplanung zu berücksichtigen sind.

B) Während der Abwicklung eines Arbeitspakets stellst Du fest, dass die vorhandenen Ressourcen nicht ausreichen und Konflikte entstehen. Welche Maßnahmen können erfolgen?

Hier ist Platz für Deine Notizen. Einen Lösungsvorschlag findest Du am Ende des Buchs.

# Ressourcenplan

Gantt-Diagramm

## Die Einsatzbereiche des Ressourcenplans

In der Praxis sind Ressourcenpläne als klassische Planungstafeln, als Tabellen in Programmen wie Excel oder MS Project, darin auch als Gantt-Diagramme, zu finden. Ihre Einsatzgebiete sind vielfältig:

- Personalmanagement
- Flottensteuerung
- Kundendienst
- Terminplanung
- Maschineneinsatzplanung
- Mitarbeiter, Geräte, Fahrzeuge einplanen und koordinieren
- Produktionsleitung und Schichtpläne
- Terminplanung im Kundendienst: zur rechten Zeit am rechten Ort
- Maschinen optimal auslasten

**Ziele:**

⇨ Ressourcen auf einen Blick erkennen
⇨ freie Ressourcen ausmachen und nutzen
⇨ Termine einhalten
⇨ Aufträge fristgerecht erledigen
⇨ Personal auslasten, jedoch nicht überlasten (Schutz vor gesundheitlichen Folgen wie Sucht oder Burnout)
⇨ strukturierte Abläufe ohne Hektik
⇨ gewinnbringender Einsatz aller verfügbarer Ressourcen

Kein Unternehmen ist wie das andere und jedes setzt ein anderes Mittel – oder eine Variation mehrerer Elemente - zur Ressourcenplanung ein. Die einen verwenden eine Planungssoftware, die anderen eine Planungstafel an der Wand. Im Handwerk und in der Fertigung sind auch Auftragskarten oder Auftragsblätter zu finden, die alle relevanten Daten beinhalten.

In einem Gantt-Diagramm kann ein „kritischer Pfad" gekennzeichnet werden, auf den Aufgaben gelegt sind, die voneinander abhängen und sich bei der Verzögerung einer von ihnen in ihrer Gesamtdauer nach hinten verschieben. Fällt etwa eine bestimmte Maschine für zwei Tage aus, hat das zur Folge, dass sich der kritische Pfad insgesamt auf der Zeitachse verschiebt. Aufgaben mit Pufferzeiten sind farblich abgesetzt, Abhängigkeiten durch Pfeile verdeutlicht.

## PRAXIS Übung 14

Die Geschäftsräume einer Filiale der *Lampen Himmel GmbH & Co. KG* sind dringend zu sanieren. Hannah hat hierzu die Terminzusagen der beauftragten Handwerker vorliegen und diese auf Notizzettel geschrieben. Nun muss sie zur groben Planung ein Ablaufdiagramm für die Umbaumaßnahmen skizzieren, in der die Arbeitsvorgänge in Zeitabschnitten als Blöcke dargestellt sind. Mach ihr vor, wie es geht! Folgende Punkte sind im zeitlichen Ablauf zu berücksichtigen.

- Ausräumen der Filiale durch eigene Mitarbeiter vom 03. – 07.04.
- Abbau vorhandener Möbel
- Abrissarbeiten von Wänden und Böden
- Elcktrik
- neue Gas- und Wasser-Installation
- neuer Parkettboden
- Verputzen
- neuer Ladenbau
- Gebäudereinigung
- Leistungsabnahme

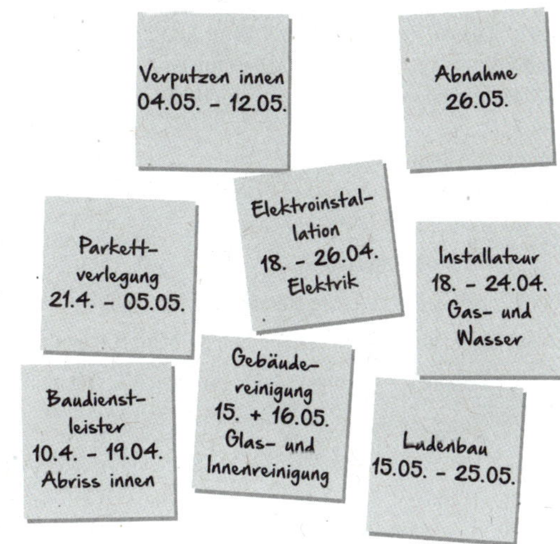


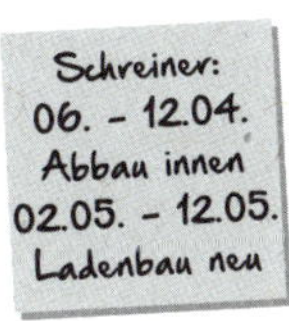

# Zeit

Terminplanung • Zeitbedarf • Nettozeiten • Bruttozeiten

## Termin-Puzzle

Jede verschwendete Minute geht auf Kosten der Wirtschaftlichkeit. Also versucht jedes Unternehmen seine zeitlichen Kapazitäten möglichst passgenau auszulasten. Wenn klar ist, welche Aufträge zu erledigen sind, ist möglichst genau einzuschätzen, wie lange die Bearbeitungszeit dauert, damit die vereinbarten Termine einzuhalten sind. Geht etwas schief, herrscht Alarmstufe Rot. Ein bewährtes Kontrollinstrument ist ein Zeitstrahl, auf dem die erforderlichen Zeiträume für Prozesse und Teilprozesse ersichtlich sind.

Ein Gantt-Diagramm ist in MS Project beispielsweise so vorprogrammiert, dass eine Ende-Anfang-Verknüpfung erstellt wird. Das bedeutet, ein von einem vorherigen Vorgang abhängiger Vorgang kann erst starten, wenn der Vorgang zuvor abgeschlossen ist. Der Verputzer kann zum Beispiel erst kommen, wenn der Estrichleger da war. Zudem ist eine Anfang-Anfang-Verknüpfung möglich, wenn ein Vorgang starten muss, damit ein von ihm abhängiger auch beginnen kann (weitere Verknüpfungen: Ende-Ende und Anfang-Ende).

Tipps für die **Terminplanung**:

1. Zeitstrahl erstellen
2. Termine überwachen
3. Termine in kritischen Momenten verschieben
4. verschobene Termine mit den Beteiligten kommunizieren
5. Koordination ordnen und überprüfen („Zur rechten Zeit am rechten Ort?“)

## Zeitbedarf

Personelle Ressourcen sind in Arbeitsstunden verfügbar. Für die Zeitplanung muss bekannt sein, wie viel Zeit ein Mitarbeiter mitbringt und wie viel er in der Zeit schafft. Dabei sind **Netto- bzw. Produktivzeiten** und **Bruttozeiten** zu unterscheiden. Die Bruttozeit ist die Arbeitszeit pro Tag von Arbeitsbeginn bis Arbeitsende, auf ein Jahr gesehen die Arbeitstage pro Jahr. Von der Bruttozeit sind Fehl- bzw. Abwesenheits-Zeiten (wie Urlaubstage, Sabbatical, krankheitsbedingtes Fehlen oder Weiterbildungen) abzuziehen, um die Nettozeiten zu erhalten, die mit der unmittelbaren Auftragsbearbeitung zusammenhängen.

Ein Vergleich aus der Lerngruppe: Lea, Kevin, Hannah und Emir haben sich im April und Mai sechs Mal zum Lernen getroffen, das eine Mal vier Stunden, das andere dreieinhalb, auch einmal fünf Stunden, je nachdem wie viel Zeit sie an den Nachmittagen nach der Berufsschule oder der Arbeit noch hatten. Sie haben sich intensiv mit dem Prüfungsstoff beschäftigt, aber auch gequatscht. Die Bruttozeit der Treffen lag bei insgesamt 24,5 Stunden, wirklich gelernt haben sie 18 Stunden. In einem Diagramm sieht ihre Produktivzeit im Verhältnis zu der gesamten Zeit eines Treffens so aus:

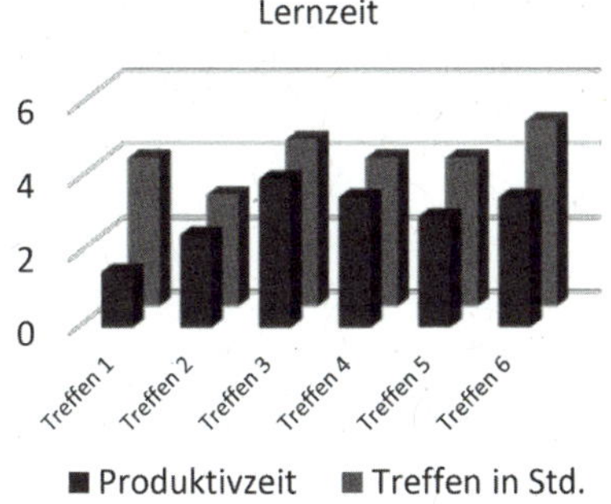


### Prüfungstipp von Kevin

Wenn wir in der Prüfung ein **Diagramm erstellen** müssen, sollten wir diese Funktionen ausführen können:

- Diagramm erstellen
- Diagrammüberschrift einfügen
- Achsen formatieren und benennen
- Datenbeschriftung + Legende
- Datenreihe und - punkte
- Gitternetzlinien
- Trendlinie ergänzen
- Zeichnungsfläche formatieren
- Zusätze einfügen

# Ressourcenplan

Kapazitätsunterdeckung • Kapazitätsüberdeckung • Kapazitätsausgleich

## Rettungsmaßnahmen

Die Kapazität sagt aus, welche Leistung durch einen Menschen oder eine Maschine möglich ist. Den Ist-Kapazitätsbeständen, das sind die tatsächlich verfügbaren Kapazitäten, ist der Kapazitätsbedarf gegenüberzustellen, um Kapazitätsengpässe (= **Kapazitätsunterdeckung**) rechtzeitig zu erkennen.

Bei einer Kapazitätsunterdeckung droht Chaos. Rettung naht mit Maßnahmen zum **Kapazitätsausgleich**:

- Vorgänge in entspannte Zeitzonen verschieben
- Zeitrahmen insgesamt verlängern
- Personal einstellen
- Überstunden ansetzen
- schnellere Maschinen einsetzen
- Fremdpersonal beauftragen, um eigene Kapazitäten freizulegen

Ebenso ist eine **Kapazitätsüberdeckung** möglich. Dann sind zu viele Ressourcen im Einsatz, für ein Projekt sind beispielsweise 8 Personen eingeteilt, obwohl 6 reichten.

## Immer im Einsatz

Ob Industriemechaniker, Tischler, Maschinen- und Anlagenführer oder Kaufleute für Büromanagement, jeder Mitarbeiter kann ein bestimmtes Pensum an Aufgaben erledigen (= seine Kapazität). Wie viele Arbeitskräfte benötigt werden, um alle zukünftigen Arbeiten zu bewältigen, ist mithilfe der **Personalbedarfsplanung** zu ermitteln. Das Ziel besteht darin, die Personalkosten nach dem Motto „so viel wie nötig, so wenig wie möglich" begrenzen zu können.

Hierbei sagt der Brutto-Personalbedarf als Sollwert aus, wie viel Personal mit welchen Qualifikationen insgesamt gebraucht wird und der Netto-Personalbedarf, wie viel Personal fehlt.

Brutto-Personalbedarf – aktueller Personalbestand + Abgänge – Zugänge = Netto-Personalbedarf

Neues Personal kommt zum Einsatz, wenn

1. ein Mehrbedarf entsteht,
2. Ersatz einzusetzen ist,
3. neu geschaffene Stellen zu besetzen sind,
4. zusätzliche Ausbildungsplätze offenstehen,
5. eine Stelle wiederzubesetzen ist, z. B. nach Mutterschutz.

Unzureichende Qualifizierungen lassen sich beispielsweise durch Schulungen, Seminare, Coachings, Trainings oder Workshops ausgleichen.

*Nachgefragt!* Was ist die Fluktuationsstatistik? Die Fluktuationsstatistik erfasst die Ab- und Zugänge des Personals. Sie spielt in der Personalplanung insofern eine Rolle, als dass anhand der Daten Entscheidungen über den zukünftigen Personalbedarf zu treffen sind.

### Prüfungstipp von Emir

Wenn du angeben musst, wie Unternehmen gutes Personal finden, kannst du das Assessment-Center (= AC) nennen, das Leistungs- und Persönlichkeitstests durchführt, meistens für Neueinstellungen. Merk dir einige der folgenden Argumente, die für die Durchführung eines AC sprechen!

Ein AC überprüft Fachkompetenz und Stressresistenz, Resilienz, Auftreten oder Sozialkompetenz und Kommunikationsstärke. Das Unternehmen lernt Bewerber nicht nur durch ihre Bewerbungsmappen kennen, sondern direkt in Aktion. Die Personalentscheider können mehrere Bewerber nebeneinander begutachten und vergleichen. Außerdem hat das Unternehmen nachweislich nach Kompetenz geurteilt und somit im Sinne des Allgemeinen Gleichbehandlungsgesetzes (AGG) gehandelt.

# Personalressourcen

PRAXIS 15

## PRAXIS Übung 15

Die *Lila Lounge GmbH* verfügt am 28.02.2025 über einen Personalbestand von 150 Mitarbeitern. Für die Branche wurde ein Konjunkturanstieg prognostiziert. Das Unternehmen muss den Personalbestand zum 01.06.2025 auf 180 erhöhen. Bis dahin sind 5 Personalabgänge und 2 Personalzugänge zu erwarten.

A) Erläutere allgemeine Gründe für einen Mehrbedarf.

B) Wie viel Personal muss die *Lila Lounge GmbH* bis zum 02.06.2025 beschaffen?

C) Was wäre umgekehrt, wenn das Ergebnis kleiner als 0 wäre?

D) Nenne Möglichkeiten zur Personalbeschaffung.

Hier ist Platz für Deine Notizen. Einen Lösungsvorschlag findest Du am Ende des Buchs.

## Immer im Einsatz

Zum Überblick: Die Personalbedarfsplanung für einen Auftrag durchläuft vier Etappen:

| | | |
|---|---|---|
| 1. | Ist- und Soll-Zustand | Bestand und Bedarf in Hinblick auf Qualität und Quantität prüfen:<br>Welcher **quantitative** Bestand ist vorhanden und welcher Bedarf besteht?<br>Welcher **qualitative** Bestand ist vorhanden und welcher Bedarf besteht? |
| 2. | Planung | Welche Maßnahmen sind für Qualifizierungen nötig? |
| 3. | Durchführung | Qualifizierungsmaßnahmen rechtzeitig abschließen, Auftrag durchführen |
| 4. | Kontrolle | Ziel erreicht? Leistungsabnahme! |

## PRAXIS Übung 16

Die *PRIMA Kölsch Privatbrauerei GmbH & Co. OHG* hat einen Zusatzauftrag erhalten. Es sind 2 400 Kisten PRIMA Kölsch innerhalb von 2 Tagen transportfertig zu machen. Dafür stehen zwei Mitarbeiter zur Verfügung, die an einem Arbeitstag in 8 Stunden insgesamt 800 Kisten schaffen.

Kann die Brauerei den Auftrag mit den aktuellen Personalressourcen ausführen oder werden zusätzliche Hilfskräfte gebraucht? Wenn ja, wie viele?

Hier ist Platz für Deine Notizen. Einen Lösungsvorschlag findest Du am Ende des Buchs.

# Basiswissen

Beschaffungsmarkt • Absatzmarkt

## Immer die beste Wahl

Der Auftrag ist in der Tasche! Der Zeitplan ist erstellt, die benötigten Ressourcen stehen fest (Soll-Bestand), was fehlt ist nun die Beschaffung der Ware oder des Materials und unter Umständen neuen Personals. Manchmal sind auch neue Maschinen anzuschaffen oder die Anmietung von Leihfahrzeugen ist nötig. Ob als Produzent, Händler oder Dienstleister – jeder Sektor steht vor der Wahl der passenden Lieferanten, die sich auf dem jeweiligen Beschaffungsmarkt tummeln. Beschaffungsmärkte sind die Märkte, die der eigenen Produktion oder dem eigenen Handel vorgelagert sind, auf denen Rohstoffe, Hilfsstoffe und Halbfertigprodukte oder Handelswaren zu beschaffen sind. Aus Sicht des Anbieters heißen sie Absatzmärkte. Die Beschaffungsmärkte ändern sich täglich. Ihre Beobachtung spielt eine ausschlaggebende Rolle für wirtschaftlich günstige Entscheidungen, da die Leistungen von Lieferanten schwanken und auf dem Markt womöglich bessere, neue Lieferanten zu finden sind.

Käufer

Beschaffungs-markt

Absatzmarkt

Verkäufer

Zur Beschaffung zählt alles, was unternehmensexternen Quellen entspringt. Bei der auftragsrelevanten Beschaffung geht es im Besonderen darum, die Beschaffung für bestimmte Aufträge sicherzustellen. Dies kann ein Produktionsauftrag sein, ein Auftrag für eine Dienstleistung oder eine Bestellung von Waren.

*Nachgefragt!* Was ist der Unterschied zwischen Beschaffungsmarkt und Absatzmarkt?
Die Perspektive macht den Unterschied aus. Aus Sicht des Käufers handelt es sich um einen Beschaffungsmarkt, aus Sicht des Verkäufers um den Absatzmarkt.

## Perspektivenwechsel

Wenn die *PRIMA Kölsch Privatbrauerei GmbH & Co. OHG* Bier brauen will, muss sie dafür Rohstoffe einkaufen: Wasser, Malz und Hopfen. Die *Lila Lounge GmbH* muss für die Fertigung ihrer Möbel unter anderem Holz, Leim und Schrauben einkaufen, für den Produktbereich Sofas Schaumstoff und Stoffe.

Die *Lampen Himmel GmbH & Co. KG* kauft Lampen und Leuchtmittel ein, um diese an die Konsumenten weiterzuverkaufen. Und die Marketingagentur *Second Sight Ltd.* entwickelt Werbekampagnen, betreut Merchandising, entwickelt Marketingkonzepte und bietet zudem Leads und Unternehmenssoftware an.

Das heißt: Alle vier Unternehmen, ob Fertigungsbetrieb, Händler oder Dienstleister, kaufen Güter oder Dienstleistungen ein, um ihr Kerngeschäft zu sichern. In dem Moment, in dem ein Auftrag eingeht, sind sie Auftragnehmer, aber in dem Moment, in dem sie selber Material oder Produkte einkaufen, werden sie zum Auftraggeber. Und in dieser Funktion erstellen sie wenn nötig Angebotsvergleiche.

# Beschaffung

Bestandskontrolle • Bedarfsermittlung • Lieferantenauswahl • Bestellung auslösen

## Alles da?

Die Beschaffungslogistik ist der Fluss, über den die Handelswaren und/oder Roh-, Hilfs- und Betriebsstoffe in ein Unternehmen hineinströmen, vom Einkauf bis zum Transport in das Warenlager oder in die Produktion, immer in der richtigen Menge, zum richtigen Termin und in der gewünschten Qualität. Sie sichert folglich den Ressourcenplan in Bezug auf die Sachmittel ab.

Schritt 1 Bestandskontrolle: Wie viel ist im Lager? Ist Ware zu bestellen?

Schritt 2 Bedarfsermittlung: Wie viel ist zu bestellen?

Schritt 3 Lieferantenauswahl: Wo ist zu bestellen?

Schritt 4 Bestellung auslösen: Wie sieht eine Bestellung aus?

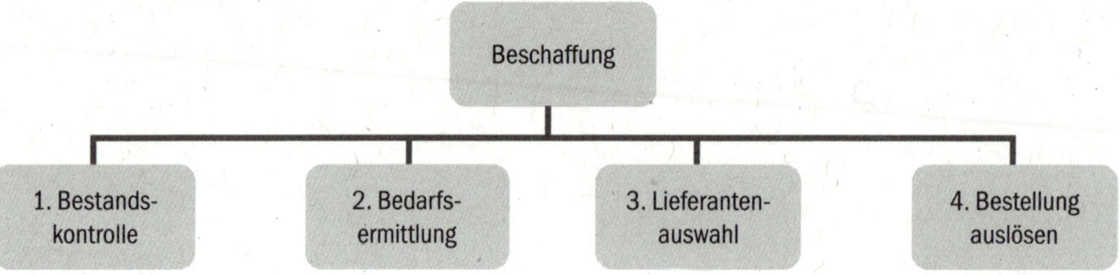

## Schritt 1 Bestandskontrolle:

Für Kevin und Hannah ist die Lagerdatei eine Informationsquelle, auf die sie jeden Tag zurückgreifen. Wenn Kunden Möbel oder Lampen bestellen, sehen die Auszubildenden hier nach, ob die betreffenden Produkte im Lager stehen. Die beiden angehenden Kaufleute für Büromanagement müssen genau eingeben, wenn Waren ins Lager eingehen oder es verlassen, die Artikelnummern ergänzen und die neuen Bestände vermerken. Eine Besonderheit ergibt sich, wenn der Meldebestand erreicht ist, dann ist zu diesem Zeitpunkt eine neue Bestellung auszulösen, um den Mindestbestand zu sichern.

Die Formel: Meldebestand = (Tagesverbrauch x Lieferzeit) + Mindestbestand

Der Mindestbestand heißt auch „eiserner Bestand", da dies die Menge ist, die unter allen Umständen vorhanden sein muss, um die Lieferfähigkeit sicherzustellen. Die dritte Lagerbestandsgröße lautet Höchstbestand. Das ist die maximale Bestandsmenge, die von einem Produkt gelagert werden kann/darf. Beim Führen der Lagerdatei sind die alten Bestände fortlaufend zu korrigieren (= Bestandskorrektur).

# Beschaffung

Bestandskontrolle • Lagerdatei • Bedarfsermittlung

## Schritt 2 Bedarfsermittlung (auch Materialbedarfsplanung):

In diesem Schritt ist herauszufinden, wie viele Güter in Zukunft für eine bestimmte Periode benötigt werden. Methoden:

- ⇨ programmorientiert (= deterministisch): Ermittlung anhand von Aufträgen oder prognostiziertem Absatz, Abgleich mit Lagerbeständen
- ⇨ verbrauchsorientiert (= stochastisch): Prognosen basierend auf den Verbrauch betreffenden Erfahrungswerten aus der Vergangenheit
- ⇨ heuristisch: Schätzung eines Experten im Unternehmen

Falsche Ermittlungen haben Folgen: Übersteigt der tatsächlich eintretende Bedarf den zuvor ermittelten Bedarf, kann es zum Produktions-Stopp kommen. Andersherum: Ist der ermittelte Bedarf höher als der tatsächliche, erhöhen sich Lagerkosten und Ware veraltet oder verdirbt sogar (Lebensmittel).

*Nachgefragt!* Was ist der Unterschied zwischen Bestellpunktverfahren und Bestellrhythmusverfahren?
Bestellrhythmusverfahren: Die Bestellung erfolgt immer zu einem bestimmten Zeitpunkt. Die Bestellmenge variiert und richtet sich nach dem konkreten Bedarf.
Bestellpunktverfahren: Der Zeitpunkt der Bestellung richtet sich nach den Lagerbeständen. Es wird also bestellt, wenn bestimmte Lagerbestände erreicht werden. Die Bestellmenge ist i. d. R. gleichbleibend und entspricht der optimalen Bestellmenge.

## PRAXIS Übung 17

Die *PRIMA Kölsch Privatbrauerei* erhält von einem Großabnehmer den Auftrag, innerhalb von 10 Tagen 120 000 Liter Kölsch zu brauen. Für das Einmaischen sind 2 550 Kilo geschroteter Malz (dies ist der Bruttobedarf) einzuplanen. 1 000 Kilo sind noch auf Lager, 500 Kilo wurden bereits nachbestellt. 200 Kilo sind für eine andere dringende und wichtige Bestellung reserviert. Den Sicherheitsbestand legt die Brauerei mit 1 000 Kilo fest.

Wie viel Kilo Malz muss Lea bestellen, um eine ständige Aufrechterhaltung der Produktion zu gewährleisten? Berechne dazu den **Nettobedarf**. Ziehe vom Bruttobedarf den Lagerbestand und den Bestellbestand ab. Dann addiere den Reservierungsbestand und den Sicherheitsbestand.

Hier ist Platz für Deine Notizen. Einen Lösungsvorschlag findest Du am Ende des Buchs.

# Lieferantenauswahl

Produkt • Preis • Lieferant • zentrale und dezentrale Beschaffung

## Schritt 3 Lieferantenauswahl

Durch den Auftrag ist festgelegt, welche Güter und Dienstleistungen, entweder zentral oder dezentral, zu beschaffen sind. Jetzt geht es darum, diese Leistungen zur bestmöglichen Qualität und zu einem akzeptablen Preis beim vielversprechendsten Lieferanten einzukaufen. Es ist zu prüfen, welche Lieferanten in Frage kommen und deren Angebote sind miteinander zu vergleichen.

Das **Produkt**: Es muss vor allem den geltenden Qualitätsanforderungen entsprechen. Vielleicht ist auch von Bedeutung, dass es eine Innovation ist oder dass es aus innovativen Materialien hergestellt ist. Bei manchen Produkten spielt die Bedienungsfreundlichkeit eine Rolle.

Der **Lieferant**: Häufig arbeiten Unternehmen mit „ihren" Lieferanten zusammen. Aber wenn neue Lieferanten zu beauftragen sind, ist ein ganzer Kriterienkatalog zu berücksichtigen (siehe Kasten nächste Seite). Frachtvereinbarungen und Speditionsleistungen sind für Unternehmen, die keinen eigenen Fuhrpark unterhalten, zu berücksichtigen.

Der **Preis**: Listeneinkaufspreis, Preisnachlässe und Bezugskosten – das sind die drei zentralen Punkte, die den Beschaffungspreis (auch Bezugspreis oder Einstandspreis) betreffen.

Bezugskalkulation:

***Listeneinkaufspreis*** *(netto)*
*– Lieferantenrabatt (z. B. Mengenrabatt)*
***= Zieleinkaufspreis***
*– Lieferskonto (z. B. 3 %)*
***= Bareinkaufspreis***
*+ Bezugskosten (z. B. Verpackung, Versand, evtl. Zollgebühren)*
***= Bezugspreis***

*Nachgefragt!* Was ist der Unterschied zwischen zentraler und dezentraler Beschaffung?
Zentral: Die gesamte Beschaffung aller Güter und Dienstleistungen läuft über eine Stelle.
Dezentral: Die Beschaffung kann von mehreren unterschiedlichen Stellen durchgeführt werden.

# Lieferantenauswahl

## Kriterien

Für die **Lieferantenauswahl** kommen folgende Kriterien in Frage:

- Erreichbarkeit und Informationsbereitstellung
- Preis und Preisstabilität
- Nebenkosten
- Zahlungszeitpunkt
- Lieferfähigkeit und Pünktlichkeit
- Service
- schnelle, professionelle Abwicklung
- Regelungen zum Gefahrübergang
- Qualität und Qualitätsnormen zur Minimierung von Rückläufern
- Produktoptimierung und Innovation zur Sicherung von Wettbewerbsvorteilen
- Zahlungsbedingungen und Bedingungen für sich verändernde Mengen
- Kulanzverhalten
- Produktvielfalt
- Flexibilität und spontane Reaktionsfähigkeit
- Zuverlässigkeit
- Umweltaspekte
- Standortnähe

Steht der beste Lieferant fest, ist die Bestellung auszulösen.

*Prüfungstipp von Emir*

**Report-Tipp!** Du hast in Deiner Ausbildung einmal einen qualitativen und quantitativen Angebotsvergleich durchgeführt? Prima! Das ist ein ideales Thema für einen Report in der Wahlqualifikation Auftragssteuerung und -koordination.

Schau Dir das Beispiel in den neuen u-form PLUS Leitfäden an!

# Lieferantenauswahl

Angebotsvergleich • PRAXIS 18

## PRAXIS Übung 18

Die *Lila Lounge GmbH* hat durch eine Kundenbefragung herausgefunden, dass immer mehr Kunden Interesse an Bio-Kindermöbeln haben. Das Unternehmen beschließt, das Sortiment zu erweitern. Die Kindermöbel sollen nicht selber hergestellt, sondern bei renommierten Kindermöbelherstellern zugekauft werden. Eins der neuen Produkte wird ein Kinderhochstuhl sein. Kevin erhält von drei Anbietern ein Angebot und soll diese nun vergleichen.

| Angebot 1<br>von *Kids World GmbH & Co. KG* | Angebot 2<br>von *Naturkinder GbR* | Angebot 3<br>von *Heine GmbH* |
|---|---|---|
| • Kinderhochstuhl „Gänsefüßchen“<br>• 129,00 Euro netto<br>• 10 % Rabatt<br>• bei Zahlung innerhalb von 14 Tagen 3 % Skonto<br>• Verpackung und Versand pauschal 10,00 Euro | • Kinderhochstuhl „Hoppesitz“<br>• 159,00 Euro netto<br>• 15 % Rabatt<br>• 2 % Skonto bei Zahlung innerhalb von 10 Tagen<br>• Lieferung frei Haus | • Kinderhochstuhl „Biene Maya“<br>• 122,00 Euro<br>• 10 % Rabatt<br>• 2 % Skonto bei Zahlung innerhalb von 10 Tagen<br>• Transportkostenpauschale 20,00 Euro |
| • Holz: FSC-zertifiziert<br>• Oberfläche lackiert<br>• TÜV-geprüft<br>• EU-Norm<br>• keine Information über Reklamationsbearbeitung bekannt<br>• keine persönliche Betreuung, Kontakt über eine Hotline | • Bio-Holz<br>• Oberfläche biologisch gewachst und geölt<br>• TÜV-geprüft<br>• EU-Norm<br>• Reklamationen werden laut Internet-Kundenmeinungen schnell und reibungslos abgewickelt<br>• persönliche Kundenbetreuung, Außendienstmitarbeiter gebietsmäßig im Einsatz | • Holz: FSC und PEFC<br>• Buche natur<br>• TÜV-geprüft<br>• EU-Norm<br>• einige schlechte Bewertungen im Online-Shop bzgl. Reklamationsbearbeitung und langer Lieferzeit<br>• gute Erreichbarkeit und kompetente Berater |

**Teil 1:** Quantitativer Angebotsvergleich: Füll die Tabelle aus.

| Quantitativer Angebotsvergleich | *Kids World GmbH & Co. KG - Gänsefüßchen -* | | *Naturkinder GbR - Hoppesitz -* | | *Heine GmbH - Biene Maya -* | |
|---|---|---|---|---|---|---|
| | % | € | % | € | % | € |
| Listeneinkaufspreis netto pro Stück | | | | | | |
| – Lieferantenrabatt | | | | | | |
| = Zieleinkaufspreis | | | | | | |
| – Lieferantenskonto | | | | | | |
| = Bareinkaufspreis | | | | | | |
| + Bezugskosten | | | | | | |
| = Bezugspreis (= Einstandspreis) pro Stück | | | | | | |

Einen Lösungsvorschlag findest Du am Ende des Buchs.

# Lieferantenauswahl

## Angebotsvergleich • PRAXIS 18

**Teil 2:** Qualitativer Angebotsvergleich: Kevin hält das Ergebnis des quantitativen Angebotsvergleichs in der Hand. Nun erkundigt sein Vorgesetzter sich nach den folgenden Punkten, da für ihn bei der Lieferantenauswahl zusätzliche Kriterien zählen.

- Sind die Kinderhochstühle TÜV-geprüft?
- Entsprechen sie der EU-Norm?
- Stammt das verwendete Holz aus nachhaltiger oder biologischer Forstwirtschaft? Gibt es weitere Öko-Aspekte?
- Welchen Ruf haben die drei Anbieter in Bezug auf Beratung und Reklamationsbearbeitungen?
- Wie sieht die Kundenbetreuung aus? Sind Mitarbeiter persönlich ansprechbar? Gibt es einen Außendienst, der unser Gebiet betreut?

A) Ordne die Informationen in einer Kriterien-Tabelle.

B) Erstelle eine Punktbewertungstabelle. Die Gewichtung der Kriterien bleibt Dir überlassen.

C) Erläutere das Ergebnis und begründe Deine Entscheidung für einen Lieferanten.

# Bestellung

Angaben in einer Bestellung • Bestellzeitpunkt



## Schritt 4 Bestellung auslösen

Kevin beginnt eine Bestellung gerne mit dem der Einleitung: „Bezugnehmend auf Ihr Angebot...“. Folgende Angaben gehören außerdem in die Bestellung hinein:

- ⇨ Anschrift
- ⇨ Infoblock
- ⇨ Betreff
- ⇨ Anrede
- ⇨ Einleitung – Bezug auf das Angebot
- ⇨ Artikel, Artikelnummer/n
- ⇨ Bestellmenge
- ⇨ Preis, Rabatt, Skonto, Bezugskosten
- ⇨ Lieferzeit
- ⇨ Schluss-Satz
- ⇨ Brief-Schluss, Gruß, Firma, Vollmacht, Unterschrift

Oft finden auch einfachheitshalber Bestellformulare Verwendung.

# Beschaffungsarten

Just-in-time • Einzelbeschaffung • Vorratsbeschaffung

## Her damit!

Die Materialwirtschaft unterscheidet drei Prinzipien der Beschaffung: Erstens die Vorratsbeschaffung, zweitens die Einzelbeschaffung bei Bedarf und drittens das Just-in-time-Verfahren, womit die sofortige Weiterverarbeitung oder der sofortige Weiterverkauf ohne Zwischenlagerung gemeint sind.

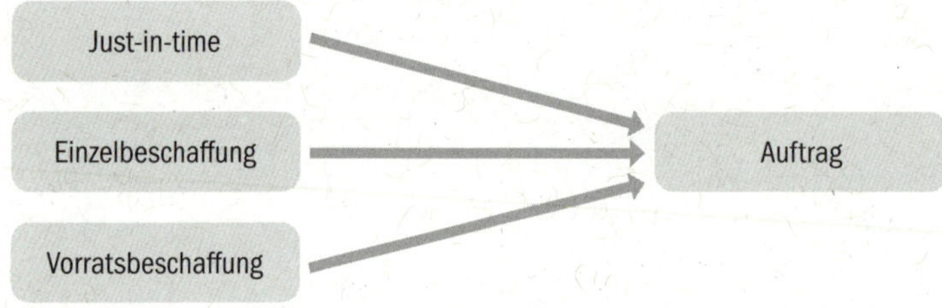


## Gerade noch rechtzeitig...

Ein Unternehmen, das Just-in-time (auch fertigungssynchrone Beschaffung) produziert, lässt sich das Material genau in der Menge anliefern, in der es zum Zeitpunkt der Herstellung gebraucht wird. Abruf nach Bedarf lautet hier das Motto. Die Vorteile liegen in kurzen Durchlaufzeiten, geringer Kapitalbindung und Einsparung der Kosten für Lagerung. Wenn wenig Kapital im Unternehmen gebunden ist, kann dieses Zinserträge, etwa auf einem Tagesgeldkonto, bringen.

Auf der anderen Seite existiert das Risiko einer Leistungsstörung, wenn der Lieferant die gewünschten Güter nicht oder nicht rechtzeitig liefert. Zudem können die Transportkosten möglicherweise ansteigen oder ein größerer Koordinationsaufwand kann entstehen.

*Prüfungstipp von Kevin*

**Report-Tipp!**

Wenn Dein Ausbildungsbetrieb die Beschaffung im Just-in-time-Verfahren durchführt und Du dies in Deinem Report erläuterst, nenn auch die Vor- und Nachteile, die der Betrieb dadurch hat. Dasselbe gilt für die Vorratsbeschaffung und die Einzelbeschaffung. Du kannst auch erklären, wie der Verlauf ist, wenn eine Nicht-Rechtzeitig-Lieferung eintritt, wann Du eine Nachfrist setzt und welche Rechte sich für Deinen Ausbildungsbetrieb daraus ergeben.

# Beschaffungsarten

Just-in-time • Einzelbeschaffung • Vorratsbeschaffung



### Im Einzelfall...

Die Einzelbeschaffung bietet sich an, wenn ein unregelmäßiger Bedarf oder Bedarf in geringen Mengen besteht, je nach Auftragslage oder etwa für Kleinserien. Ebenso wie beim Just-in-time-Verfahren entstehen keine Kosten für Lagerung und das Unternehmen hat eine niedrige Kapitalbindung. Allerdings können die Einkaufspreise aufgrund der geringen Abnahmemenge höher sein. Zudem verursacht die größere Anzahl der auszulösenden Bestellungen mehr Aufwand.

### Auf Vorrat...

Regelmäßiger Bedarf und Bedarf in großen Mengen sind die Grundvoraussetzungen, die meist für die **Vorratsbeschaffung** gelten. Der Einkauf in großen Mengen kann günstigere Einkaufspreise mit sich bringen. Demgegenüber stehen jedoch hohe Lagerkosten und eine hohe Kapitalbindung und daran gekoppelter Zinsverlust. Bei zu langer Lagerung können technische Geräte möglicherweise veralten oder verderbliche Ware kann unbrauchbar werden.

*Nachgefragt!* Welche Nachteile hat die Lagerhaltung? Ein Lager verursacht Kosten, die Lagerhaltungskosten, wie Löhne und Gehälter, Miete, Einrichtung, Betriebskosten, wie Wasser, Strom und Energiekosten, Versicherungen und auch Zinskosten. Diese beruhen auf der Kapitalbindung, womit Kapital gemeint ist, das z. B. in Form der Ware, die im Lager steht, an das Unternehmen gebunden ist und nicht umgehend liquide zu machen ist. Für dieses gebundene Kapital sind kalkulatorische Zinsen anzusetzen, die das in den Beständen gebundene Kapital alternativ gebracht hätte. Steht z. B. Ware für 250.000 Euro im Lager, kann diese Summe nicht auf einem Bankkonto liegen und Zinserträge bringen.

# Beschaffungsarten

PRAXIS 19

## PRAXIS Übung 19

Die *Lampen Himmel GmbH & Co. KG* erhält von einem Lieferanten folgendes Angebot: Bei einer Bestellung der Wandlampe „Happy Light“ wird ab einer Bestellmenge von 100 Stück ein Rabatt von 15 Prozent gewährt. Hannah soll jeweils drei Gründe nennen, die für die Annahme des Angebots sprechen und drei die dagegensprechen.

Hier ist Platz für Deine Notizen. Einen Lösungsvorschlag findest Du am Ende des Buchs.

## Auf Lager!

Bei jeder Waren- oder Materialentnahme aus dem Lager, erfolgt eine Überprüfung des Lagerbestands, um den Bestellzeitpunkt für neue Ware oder neues Material nicht zu verpassen. Ansonsten passiert es, dass das Lager leer, die neue Ware (oder das Material) aber noch nicht eingetroffen ist und sich der Auslieferzeitpunkt oder der Produktionszeitpunkt verschiebt. Der Mindestbestand stellt die fortlaufende Verfügbarkeit von Rohstoffen, Material oder Waren sicher, so dass das Unternehmen immer bereit ist zu liefern oder zu produzieren.

Eine Aussage über die Wirtschaftlichkeit der Lagerhaltung treffen die Lagerkennzahlen. Hierzu die Formeln:

$$\text{Durchschnittlicher Lagerbestand} = \frac{\text{Jahresanfangsbestand} + \text{Jahresendbestand}}{2} \quad \text{oder} \quad \frac{\text{Jahresanfangsbestand} + 12\ \text{Monatsbestände}}{13}$$

$$\text{Durchschnittliche Lagerdauer} = \frac{360\ \text{Tage} \times \text{durchschnittlicher Lagerbestand}}{\text{Verbrauch pro Jahr}} \quad \text{oder} \quad \frac{360\ \text{Tage}}{\text{Lagerumschlaghäufigkeit}}$$

$$\text{Wareneinsatz} = (\text{Anfangsbestand} + \text{Zugänge}) - \text{Endbestand}$$

$$\text{Lagerumschlagshäufigkeit} = \frac{\text{Wareneinsatz}}{\text{durchschnittlicher Lagerbestand}}\ (\text{wertmäßig}) \quad \text{oder} \quad \frac{\text{Lagerabgänge}}{\text{durchschnittlicher Lagerbestand}}\ (\text{mengenmäßig})$$

$$\text{Lagerzinsen} = \frac{\text{Lagerzinssatz} \times \text{durchschnittlicher Lagerbestand}}{100\ \%}$$

$$\text{Lagerzinssatz} = \frac{\text{Zinssatz} \times \text{durchschnittliche Lagerdauer (in Tagen)}}{360\ \text{Tage}}$$

*Nachgefragt!* Wie berechnest Du die Lagerzinsen anhand des folgenden Beispiels: Angenommen, der durchschnittliche Lagerbestand der *Lampen Himmel GmbH & Co. KG* beträgt 500.000 Euro und der Lagerzinssatz wurde mit 0,8 Prozent errechnet.

$$\text{Lagerzinsen:} \frac{0{,}8 \times 500.000}{100} = 4.000\ €$$

# Bestandskontrolle

PRAXIS 20

## PRAXIS Übung 20:

Die *Lampen Himmel GmbH & Co. KG* hat für die Stehlampe des Modells „Shimmer“ einen Mindestbestand von 7 Stück. Der Tagesverbrauch liegt bei 3 Stück, die Lieferzeit beträgt 10 Tage. Bestellt wird im Bestellpunktverfahren. Hannah soll rechtzeitig neue Stehlampen bestellen, damit die eiserne Reserve nicht angezapft werden muss.

A) Wie lautet der Meldebestand?

B) Wie viele Stehlampen „Shimmer“ muss Hannah bestellen? Der Höchstbestand beträgt 50 Stück. Zum Bestellzeitpunkt gab es keine weiteren Abgänge.

C) Skizziere Mindestbestand, Meldebestand und Höchstbestand in einem Koordinatensystem und markiere Bestellpunkt und Lieferzeitpunkt.

Hier ist Platz für Deine Notizen. Einen Lösungsvorschlag findest Du am Ende des Buchs.

## Immer dabei

Ob Paketdienste, Kurierdienste, eigene Lieferdienste der Lieferanten, Speditionen oder Frachtführer – alle für den Güter- und Warenversand zuständigen Instanzen haben die Warenbegleitpapiere in der Tasche. Kein Gut oder Produkt geht ohne seine Papiere auf die Reise. Treffen sie im Unternehmen ein, ist nicht nur die Ware auf Mängel hin zu begutachten, auch die Papiere sind zu prüfen und zu bearbeiten. Und wer trägt das Risiko des Warentransports? Der Gefahr- und Lastenübergang ist im Bürgerlichen Gesetzbuch geregelt:

*Mit der Übergabe der verkauften Sache geht die Gefahr des zufälligen Untergangs und der zufälligen Verschlechterung auf den Käufer über. Von der Übergabe an gebühren dem Käufer die Nutzungen und trägt er die Lasten der Sache. Der Übergabe steht es gleich, wenn der Käufer im Verzug der Annahme ist. (Vgl. § 446 BGB)*

Gefahrübergang beim Versendungskauf:

*Wenn der Verkäufer eine verkaufte Sache auf Verlangen des Käufers an einen anderen Ort als den Erfüllungsort sendet, dann geht die Gefahr auf den Käufer über, sobald der Verkäufer die Sache dem Spediteur, dem Frachtführer oder der sonst zur Ausführung der Versendung bestimmten Person oder Anstalt ausgeliefert hat. (Vgl. § 447 BGB Abs. 1)*

Im internationalen Warenverkehr ist dies durch die Incoterms geklärt. Beachte, dass sich diese im Januar 2020 geändert haben. Das Wichtigste: DAT heißt seitdem DPU (= delivered place unloaded) und gewährt die Lieferung an jeden Ort mit Entlademöglichkeit im Bestimmungsland, nicht wie zuvor nur ins Terminal. Außerdem ermöglicht FCA jetzt die Aushändigung der Bill of Lading am Containerterminal. Weitere Änderungen betreffen: Versicherung, Kostenverteilung und Transportorganisation. Die Details sind unter www.incoterms2020.de zu finden

*Nachgefragt!* Was ist der Unterschied zwischen Einpunkt- und Zweipunktklauseln?
Die Einpunkt- und Zweipunktklauseln betreffen die Incoterms, die International Commercial Terms, die den internationalen Warenverkehr regeln. Beim Transport nach Einpunktklauseln – den E-Klauseln, D-Klauseln und F-Klauseln (EXW, DPU, DAP, DDP, FAS, FCA, FOB) - gehen Kosten und Gefahr zeitgleich an den Käufer über. Bei Transporten nach Zweipunktklauseln – den C-Klauseln (CPT, CIP, CFR) - gehen Kosten und Gefahr zu unterschiedlichen Zeitpunkten an den Käufer über.

*Prüfungstipp von Lea*

**Report-Tipp!**

Wenn Du in einem Deiner Reporte auf den Warentransport für die Beschaffung eingehst, nenne auch die Vor- und Nachteile, die in Deinem Ausbildungsbetrieb bei der Wahl der Transportarten zum Tragen kommen, die Flexibilität, Verkehrsrouten, Kosten, Geschwindigkeit, Umweltbelastung, Ladekapazität oder Hindernisse und Fahrtunterbrechungen betreffen können.

Beschreibe auch die Bedeutung von Lieferscheinen, Pack- und Ladelisten, Zollpapieren, Frachtbriefen, Konnossement (Schiffsfrachtbrief und Warenwertpapier) oder sonstigen Warenbegleitpapieren, die verwendet werden.

# Versandpapiere

Lieferschein

## Lieferschein statt Rechnung? Nein!

Eingehende Materialien und Produkte treffen in den Ausbildungsbetrieben von Lea, Kevin, Hannah und Emir meistens in Begleitung von Lieferscheinen ein. Auf diesen finden die Azubis Angaben zu den Produkten, zur Menge oder zum Lieferdatum.

In seiner ursprünglichen Form ist der Lieferschein ein Warenbegleitpapier, das heißt: Er ist gemeinsam mit der Ware unterwegs. Wird er per E-Mail als elektronischer Lieferschein versendet, geschieht dies meist zeitgleich mit dem Versand und er trifft bereits vor der Ware beim Empfänger ein.

Ein Lieferschein ist bestenfalls mit einer fortlaufenden Nummer versehen, was das Auffinden oder die Zuordnung der Lieferungen vereinfacht.

Der Lieferschein ist NICHT als Rechnung gültig. Aber Achtung! Nicht wegwerfen - der Lieferschein wird später zusammen mit dem Bestellformular zur Prüfung der Eingangsrechnung noch einmal gebraucht. Außerdem ist ein Lieferschein wie ein Geschäftsbrief zu behandeln und im Geschäftsleben sechs Jahre lang aufzubewahren (§ 147 Abgabenordnung). Allerdings existiert keine Pflicht – wie zur zeitnahen Rechnungsstellung – dem Kunden einen Lieferschein zu übermitteln.

Nachgefragt! Wer muss rollende, also unterwegs befindliche Ware, am Bilanzstichtag bilanzieren, der Käufer oder der Verkäufer?
Dazu ein Auszug aus dem HGB, § 246: (1) *Der Jahresabschluss hat sämtliche Vermögensgegenstände, Schulden, Rechnungsabgrenzungsposten sowie Aufwendungen und Erträge zu enthalten, soweit gesetzlich nicht anderes bestimmt ist. Vermögensgegenstände sind in der Bilanz des Eigentümers aufzunehmen; ist ein Vermögensgegenstand nicht dem Eigentümer, sondern einem anderen wirtschaftlich zuzurechnen, hat dieser ihn in seiner Bilanz auszuweisen.*
Es kommt also darauf an, wer der Eigentümer an der Sache ist. Im nationalen und internationalen Handelsverkehr regeln die Incoterms die Abwicklung des Warentransports und legen den Gefahrübergang fest. Eigentümer ist derjenige, dem das Wirtschaftsgut zuzurechnen ist.

## Alles eine Frage der Zeit

Auf Anfang: Alles begann mit einem Kundenwunsch, aus dem sich ein fixer Auftrag herausbildete. Im Prozess der auftragsrelevanten Beschaffung sind jetzt alle Handelswaren oder Materialien zu besorgen, die zur Erfüllung dieses Auftrags beitragen. Das darf nicht ewig dauern, schließlich steht ein Termin fest, an dem die Ware zu liefern ist.

Um einen Liefertermin dingfest zu machen, ist bei der Erarbeitung der Angebotsgrundlagen die **Beschaffungszeit** zu ermitteln. Diese Zeitspanne setzt sich aus den folgenden Fragmenten zusammen:

Zur Bedarfsermittlungszeit (Feststellung des Bedarfs und Bestimmung der Menge) ist die Bestellzeit (Zeit für die eigene Produktion oder die Bestellung von Waren) hinzuzurechnen, zudem die Lieferzeit, die Transportzeit und die Einlager- und Kontrollzeit (Kontrolle der Ware beim Wareneingang).

Die Beschaffungszeit ist die Zeit vom Moment der Bestellung der Ware oder des Material bis zur Verfügbarkeit der Ware. Liegt diese Information bereit, kann sie zur Planung des Liefertermins eingesetzt werden.

*Nachgefragt!* Was sind Primärbedarf, Sekundärbedarf und Tertiärbedarf? Der Primärbedarf beziffert die verkaufsfähigen Erzeugnisse und fertige Enderzeugnisse. Daraus ergibt sich der Sekundärbedarf an Rohstoffen und Vorprodukten, die zur Herstellung gebraucht werden und der Tertiärbedarf, d. h. Hilfs- und Betriebsstoffe, die zur Fertigung vorhanden sein müssen.
Lea hat ihrer Lerngruppe das so erklärt: Der Schokoladenkuchen, den ich euch gebacken habe, ist der Primärbedarf. Das Mehl, der Kakao, die Butter, die Eier, das Wasser, das Natron und der Zucker sind der Sekundärbedarf und die Küchenmaschine der Tertiärbedarf.

# Überwachung der Liefertermine

Terminüberwachung • Lieferverzug • Mahnung

## Alles im Blick

Das bestellte Material oder die georderte Ware muss zum vereinbarten Termin im Unternehmen eintreffen. Die Überwachung erfolgt mit einem Terminkalender, einer Kartei oder einem Warenwirtschaftssystem. Wenn Lieferanten Termine nicht einhalten, ist – je nachdem ob ein kalendermäßig bestimmter Termin vereinbart wurde oder nicht – eine Mahnung abzuschicken und der Status **Nicht-Rechtzeitig-Lieferung** oder **Lieferverzug** setzt ein.

Mit Termin, z. B. Lieferung am 30.08.20xx oder Lieferung in 3 Tagen: Eine Mahnung ist NICHT erforderlich, um den Verzug auszulösen. In dem Moment, in dem der Lieferant den vereinbarten Termin platzen lässt, befindet er sich im Lieferverzug. Die rechtliche Grundlage (vgl. BGB § 286):

> *1. Einer Mahnung bedarf es nicht, wenn für die Leistung eine Zeit nach dem Kalender bestimmt ist, 2. […] eine angemessene Zeit für die Leistung in der Weise bestimmt ist, dass sie sich von dem Ereignis an nach dem Kalender berechnen lässt.*

Ohne Termin: Die Mahnung ist das Mittel, das den Verzug auslöst. Die rechtliche Grundlage (vgl. BGB § 286):

> *Leistet der Schuldner auf eine Mahnung des Gläubigers nicht, die nach dem Eintritt der Fälligkeit erfolgt, so kommt er durch die Mahnung in Verzug.*

Darüber hinaus kann ein Lieferant die Lieferung ernsthaft und endgültig verweigern. Dies löst gleichermaßen den Verzug aus. Oder beide Parteien sehen einen besonderen Grund für den umgehenden Eintritt des Verzugs. Ein Verzug tritt nicht ein, wenn der Leistungsausfall auf einen Umstand zurückzuführen ist, den der Lieferant nicht zu vertreten hat.

Prüfungstipp von Emir

**Report-Tipp!**

Du kannst in einem Absatz beschreiben, wie Du mit einer Störung in der Beschaffung umgehst oder etwa erläutern, dass Dein Ausbildungsbetrieb mit Vertragspartnern Konventionalstrafen vereinbart, um die Gefahr des Lieferverzugs von vornherein einzudämmen.

Eine Konventionalstrafe ist ein Geldbetrag, der bei Nicht-Rechtzeitig-Lieferung zu zahlen ist. Oftmals ist dieser Betrag gestaffelt, je mehr Zeit verstreicht, desto höher ist die Summe.

## PRAXIS Übung 21

Lea hat Ärger mit einem B2B-Kunden, dem Getränkemarkt *Trink gut und günstig GbR*, der seine Rechnung zum wiederholten Mal nicht pünktlich bezahlt. Er hat am 31.03.2025 eine Lieferung erhalten. Die Rechnung beläuft sich auf 2.000,00 Euro netto und war am 14.04.2025 fällig, wurde jedoch nicht beglichen. Die Rechnungsnummer lautet 3456/25. Die Ansprechpartnerin ist Marion Wolke.

Mach einen Vorschlag für die Formulierung eines Mahnschreibens. Berücksichtige die Mahnpauschale.

Hier ist Platz für Deine Notizen. Einen Lösungsvorschlag findest Du am Ende des Buchs.

# Überwachung der Liefertermine

Nachfrist

## Letzte Chance!

Ein Lieferant für Pilsner Malz führt eine Lieferung an die *PRIMA Kölsch Privatbrauerei GmbH & Co. OHG* nicht vereinbarungsgemäß durch. Normalerweise erhält die Brauerei noch am selben Tag frisch geschrotetes Malz, doch dieses Mal hat der Zulieferer den Termin nicht eingehalten. Lea setzt eine **Nachfrist** – doch erfolglos. Da die Produktion weitergehen muss, nimmt Lea einen Deckungskauf vor, das bedeutet, sie kauft das benötigte Malz bei einem anderen Anbieter. Da zu diesem bisher kein Geschäftsverhältnis besteht und die Bestellung äußerst kurzfristig erfolgt, fällt der Preis höher aus.

Hier liegt ein sogenannter konkreter Schaden vor. Der ursprüngliche Lieferant ist zum Schadensersatz verpflichtet. Das heißt, er muss die Differenz übernehmen, die durch den höheren Preis entstanden ist.

Die rechtliche Grundlage (vgl. BGB § 323):

Ein Unternehmen kann – *wenn er dem Schuldner erfolglos eine angemessene Frist zur Leistung oder Nacherfüllung bestimmt hat* – vom Kaufvertrag zurücktreten und/oder Schadensersatz verlangen.

Wenn ein Schuldner eine *Leistung ernsthaft und endgültig verweigert* entfällt die Pflicht der Fristsetzung.

*Nachgefragt!* Wie ist der Schadensersatz zu berechnen? Zum einen, wenn ein konkreter Schaden entstanden ist und die Summe zu berechnen ist. Zum anderen als abstrakter Schaden, bei dem sich der Schadensersatz aus entgangenen Umsätzen oder stornierten Aufträgen zusammensetzt.

## Noch ein Versuch

Ebenso wie bei der Reklamation gibt es beim Lieferverzug eine zweite Chance, die Nachfrist. Innerhalb dieser Frist kann der Schuldner die Leistung doch noch zu Ende bringen (BGB §§ 280 ff.). Verstreicht der Zeitraum, ohne dass etwas passiert, entsteht ein Anspruch auf Schadensersatz statt der Leistung und die Möglichkeit, vom Kaufvertrag zurücktreten. Der Gläubiger kann die Leistung von einem anderen Unternehmen durchführen lassen und hat ein Recht auf Erstattung der Kosten, die ihm dadurch entstehen. Ohne Nachfristsetzung kann er das nicht.

Gleich welcher Art eine Beschwerde in einem Unternehmen eintrifft und wie ihr weiterer Verlauf ist, es heißt von Anfang an, ruhig bleiben und das Problem professionell lösen.

## PRAXIS Übung 22

Eine Steuerkanzlei hat bei der *Lila Lounge GmbH* drei Büroschränke gekauft. Die Kanzlei benötigt die Schränke dringend und hat in der Bestellung eine kürzere Lieferzeit gefordert, als Kevin im Angebot angegeben hatte. Diesen Termin hat Kevin dann in die Auftragsbestätigung übernommen und die Lieferung durch den hauseigenen Transportservice festgelegt. Die Schränke sollten unter Vorbehalt am 08.02.2025 geliefert werden. Da gleichzeitig kurzfristig zwei Fahrer der Lila Lounge GmbH erkrankt waren, konnte der Möbelhersteller doch nicht so schnell liefern. Die Kanzlei sendete am gleichen Tag ein Fax mit dem Hinweis, sie habe einen Deckungskauf bei einem anderen Möbelhaus vorgenommen und trete vom Kaufvertrag zurück.

A) Was muss Kevin prüfen, bevor er reagiert?
B) War die Auftragsbestätigung rechtlich notwendig?
C) Hat die Steuerkanzlei den geltenden Gesetzen entsprechend reagiert?
D) Welche Problemlösungen stehen Kevin zur Verfügung?
E) Wie sind solche Probleme in Zukunft zu vermeiden?

# Problem Nicht-Rechtzeitig-Lieferung

Nachfrist • PRAXIS 22

Hier ist Platz für Deine Notizen. Einen Lösungsvorschlag findest Du am Ende des Buchs.

## Immer auf dem Laufenden

Intern liegt einer gelungenen Kommunikation mit dem Kunden eine gut durchdachte und strukturierte Auftragsabwicklung zugrunde. Nur wer auf dem Laufenden ist, kann Informationen über Arbeitsfortschritt, Kostenfortschritt, Auftragsverfolgung und Termine weitergeben.

Auftragsbegleitender Kommunikationsfluss:

- mündlicher und schriftlicher Informationsaustausch sind festzuhalten
- Handelsbriefe und auch Telefaxe und E-Mails sind 6 Jahre aufzubewahren (vgl. § 257 HGB);
  Vorsicht: Belege für Buchungen (z. B. Rechnungen) 8 Jahre (Jahresabschlüsse 10 Jahre).
- Berichte über Etappen-Ziele
- rechtzeitige Benachrichtigung bei Störungen, etwa Terminverschiebungen oder Budgetüberschreitungen
- u. U. zeitnah alternative Lösungen entwickeln

Auftragsbegleitende Qualitätssicherung:

- fortlaufende Überwachung des Plan-Ist-Zustands zur auftragsbegleitenden Risikoüberwachung
- auftragsbegleitende Abweichungsanalysen
- Zwischenkalkulation
- Risiko-Deckungsbeitrags-Verhältnis

Mit einem geeigneten Planungssystem ist frühzeitig zu erkennen, wann Termine oder Kosten voraussichtlich überschritten sind.

## Immer freundlich bleiben

Störungen in Auftragsprozessen können Nerven kosten. Leider sind sie nicht immer zu vermeiden, vor allem wenn externe Dienstleister, wie zum Beispiel Transportunternehmen oder Montage-Teams beteiligt sind. Kevin kennt das nur allzu gut. Immer wieder hat er wütende Kunden am Telefon, die auf ihre Möbellieferung warten, die Möbelspedition jedoch nicht zum angekündigten Termin kam. Um einen aufgebrachten Kunden zu beruhigen, versucht Kevin Ruhe zu bewahren und sich der Situation angemessen zu verhalten, egal welche Stimmungslage über ihn einbricht.

Der Kunde ist wütend!

| | |
|---|---|
| ⇨ verständnisvoll sein | *Das ist nur allzu verständlich.* |
| ⇨ nichts persönlich nehmen | *Die Sache ist wirklich ärgerlich für Sie.* |
| ⇨ eine Klärung ankündigen | *Ich bin gerne bereit, das zu klären.* |
| ⇨ bei Ausweglosigkeit verschieben, später ist der erste Wutausbruch verflogen | *Lassen Sie uns einen Termin vereinbaren, um das Gespräch fortzuführen.* |

Der Kunde ist im Stress!

| | |
|---|---|
| ⇨ Signalwörter einsetzen | *schnell, zügig, umgehend, sofort* |
| ⇨ sofort handeln | *Ich kümmere mich sofort darum.* |
| ⇨ Ausführungen kurz zusammenfassen | *Kurz gefasst geht es also um...* |

Ansonsten gelten die grundlegenden Regeln der Kommunikation.

## Es kommt anders als man denkt

Wie war der Auftrag geplant? Wie ist der tatsächliche Verlauf? Dies sind die zentralen Fragen, die ein Soll-Ist-Vergleich beantwortet, in dem die geplanten Werte mit den bis zum Abfragezeitpunkt eingetroffenen Werten zu vergleichen sind. Im Lauf einer Auftragsabwicklung kann eine Menge passieren und Kosten können sich anders entwickeln als gedacht.

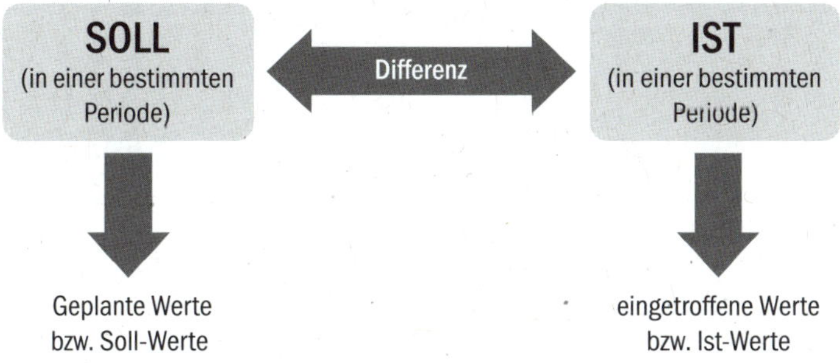


**Gründe für Abweichungen (Beispiele):**

Lieferungen bleiben aus oder treffen zu spät ein • Preise für zu beschaffende Materialien oder Dienstleistungen steigen unerwartet an • erhöhter Materialverbrauch (etwa mehr Verschnitt oder Ausschuss als geplant, fehlerhafte Bedienung einer Maschine mit der Folge vieler unbrauchbarer Teile, hohe Aussortierung) • Änderung der Rohstoffpreise • Veränderungen bei den Kosten für Personal • zeitliche Verzögerung • steigende Energiepreise • vermehrte marketingpolitische Maßnahmen • längere Maschinenlaufzeiten

# Operatives Controlling

Kostenkontrolle • Diagramm

*Prüfungstipp von Hannah*

**Report-Tipp!**

Ein Soll- Ist-Vergleich kann ein Controlling-Instrument auf vielen Unternehmensebenen sein: beispielsweise zur Kostenkontrolle für Aufträge, Projekte, Teilprojekte oder einzelne Arbeitspakete oder auch zur Umsatzentwicklung.

Wenn Soll-Ist-Vergleiche in Deinem Ausbildungsbetrieb verwendet werden, ist dies sehr wahrscheinlich ein geeigneter Baustein, der in einem Report behandelt werden kann.

Du benötigst dafür die Planwerte für den Planungszeitraum für die ausgewählte Planungseinheit und die Ist-Werte zum Abfragezeitpunkt, aus denen Du eine Abweichungsanalyse und ein Diagramm erstellen kannst.

## So war das nicht geplant

Eine Abweichungsanalyse kann nur erfolgen, wenn alle Zahlen auf dem Tisch liegen. Die Ist- und Plan-Werte sind zu erfassen und zum Vergleich nebeneinanderzustellen. Die Differenz ist die Abweichung, die als absolute und relative Zahl zu berechnen ist.

| Kosten | Ist | Plan | Abweichung absolut | Abweichung relativ |
|---|---|---|---|---|
| Auftrag 1 | 38.470,00 | 41.000,00 | 2.530,00 | 6,17 % |
| Auftrag 2 | 35.500,00 | 35.000,00 | - 500,00 | - 1,43 % |
| Auftrag 3 | 21.560,00 | 19.420,00 | - 2.140,00 | - 11,02 % |
| Auftrag 4 | 5.180,00 | 6.540,00 | 1.360,00 | 20,80 % |
| Auftrag 5 | 42.340,00 | 39.999,00 | - 2.341,00 | - 5,85 % |

Formel für den Prozentsatz: $p = \frac{\text{W (Prozentwert)}}{\text{G (Grundwert)}} \times 100$ Bsp.: $\frac{2.530,00}{41.000,00} \times 100 = 6,17$

### Plan-Ist-Vergleich

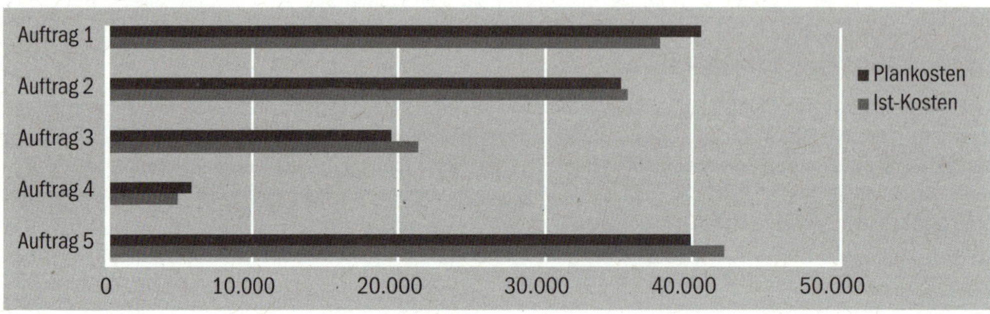

## Alles automatisch

Unternehmen, die ein ERP-System einsetzen (z. B. von SAP oder Lexware), lassen sich Plan- und Ist-Daten automatisch gegenüberstellen und **Abweichungen** berechnen und anzeigen. **Softwarelösungen** können regelmäßige, laufende Kalkulationen zur zeitnahen Kontrolle und zur Nachkalkulation nach Abschluss eines Auftrags erbringen. Abweichungen können Hinweise auf Planungsfehler geben, die es zukünftig zu vermeiden gilt. Zudem gewährt ein Softwaresystem Einblick in die Datenstämme einzelner Aufträge, Produkte oder Produktgruppen und Abweichungen und ihre Auswirkungen auf die Deckungsbeiträge lassen sich ablesen.

Die genaue Kenntnis der Schwachstellen hilft, an exakt diesen Punkten rechtzeitig gegensteuern zu können. In kritischen Momenten sind drei grundsätzliche Fragen zu stellen: Können wir das Ziel überhaupt noch erreichen? Wenn ja, welche Maßnahmen sind umgehend zu erfolgen? Was und wen müssen wir dafür einsetzen?

In der rückblickenden Analyse sind später Verbesserungen vorzunehmen und Daten für nachfolgende Aufträge anzupassen.

**ERP = Enterprise-Resource-Planning**
Damit ein Unternehmen gut läuft, müssen die vorhandenen Ressourcen (wie Kapital, Mitarbeiter und Betriebsmittel) stets im Blick behalten, sinnvoll eingesetzt und ggf. miteinander kombiniert werden. ERP-Systeme helfen bei der optimalen Verwaltung dieser Bausteine. Je nach Größe und Anforderung eines Unternehmens an ein ERP-System, wird dieses individuell auf das Unternehmen zugeschnitten. Jede Abteilung (z. B. Einkauf, Produktion, Lager, Vertrieb, Buchhaltung) kann die in ihr anfallenden relevanten Daten über Softwaremodule einspeisen. Das ERP-System sammelt, ordnet und verwaltet alle Daten und kann jederzeit Auskunft geben.

## Woran lag's?

Wenn Ist-Kosten anders eintreffen als geplant, trifft einer dieser drei Gründe zu:

1. Preise verändern sich: Einkaufspreise oder etwa Energiekosten sind angestiegen.
2. Produzierte Mengen weichen ab: Die am Ende hervorgebrachte Menge ist mehr oder weniger als geplant.
3. Verbrauchte Mengen sind anders: Die Produktion hat (meist ungeplant) mehr oder weniger Material verschlungen, als gedacht.

Die Abweichungsanalyse erlaubt eine Aussage zur **Gesamtabweichung**, zur **Beschäftigungsabweichung** und zur **Verbrauchsabweichung**.

Die Beschäftigungsabweichung legt offen, ob die geplanten Fixkosten gedeckt sind, wenn der Beschäftigungsgrad sich ändert. Wenn von einem Kostenträger zu wenig hergestellt werden, reicht die produzierte Menge womöglich nicht aus, um damit die Fixkosten zu decken. Eine Unterbeschäftigung bringt eine Unterdeckung der geplanten Fixkosten mit sich. Weicht die produzierte Menge nach oben ab, löst diese Überbeschäftigung eine Überdeckung aus.

Der Beschäftigungsgrad gibt einen Hinweis auf die zukünftig möglichen Kapazitäten. Dazu wird die tatsächlich produzierte Menge durch die technisch mögliche Maximalproduktion geteilt und mit 100 multipliziert. Wenn die Lila Lounge GmbH 5 000 Möbelstücke herstellen könnte, aber nur 4 500 schafft, liegt der Beschäftigungsgrad bei 90 Prozent.

Eine Abweichung beim Verbrauch lässt Rückschlüsse auf die Menge des verbrauchten Materials und das Ausmaß des Ausschusses zu. Liegen die Ist-Kosten über den geplanten Kosten, ist offensichtlich eine Verbrauchserhöhung eingetreten.

Die Gesamtabweichung sagt aus, inwieweit die Kosten eines Unternehmens gedeckt sind. Liegen die Ist-Kosten über den verrechneten Kosten, hat dies eine Kostenunterdeckung zur Folge.

*Nachgefragt!* Was ist das Gesetz der Massenproduktion? Es bedeutet, dass mit zunehmendem Beschäftigungsgrad (also steigender Produktionsmenge) die Kosten pro hergestelltem Stück abnehmen.

## Wie wird's berechnet?

*verrechnete Plankosten – Sollkosten = Beschäftigungsabweichung*

*Ist-Kosten – Sollkosten = Verbrauchsabweichung*

*Ist-Kosten – verrechnete Plankosten = Gesamtabweichung*

Hierfür sind folgende Formeln aus der Plankostenrechnung nötigt:

Die **Plankosten** sind aus der geplanten Menge und dem geplanten Preis zu berechnen:
*Planmenge x Planpreis = Plankosten.*

Die **Ist-Kosten** stellen die am Ende tatsächlich entstandenen Kosten dar. Sie werden mit der tatsächlichen Menge multipliziert.
*Ist-Menge x Ist-Preis = Ist-Kosten*

Die **verrechneten Plankosten** sind folgendermaßen zu ermitteln:
*Plankostenverrechnungssatz x Ist-Beschäftigung*

Die Kosten für eine beliebige Produktionsmenge können mit der Kostenfunktion für die **Sollkosten** bestimmt werden, wenn also der Beschäftigungsgrad von Planbeschäftigung abweicht. Dazu eine Übung:

## PRAXIS Übung 23

Die *Lila Lounge GmbH* plant, 300 Bilderrahmen zu produzieren. Die Plankosten betragen 3.000,00 Euro, wovon 1.000,00 Euro fixe Kosten sind. Die Ist-Beschäftigung beläuft sich jedoch nur auf 200 Rahmen. Die variablen Stückkosten liegen bei 2.000 / 300 = 6,67 Euro.

Kostenfunktion: K = 1.000 + 6,67x

Beziffere die Beschäftigungsabweichung!

Hier ist Platz für Deine Notizen. Einen Lösungsvorschlag findest Du am Ende des Buchs.

# Leistungsabnahme

Abnahme • Ablehnung der Abnahme • Beweislastumkehr



## Zufrieden?

Ob das Ergebnis zufriedenstellend und vereinbarungsgemäß ausfällt, ist mit der Prüfung der Leistung zu erledigen, mit der Leistungsabnahme. Diese besteht aus der Prüfung der sachlichen Richtigkeit, etwa auf Vollständigkeit oder einer Funktionskontrolle. Dann erfolgt, wenn alles in Ordnung ist, die Übergabe an den Kunden und die Bezahlung ist fällig.

In einem Softwaresystem erfolgt die Leistungsabnahme auf Mausklick und löst die Freigabe zur Rechnungsstellung aus. Die Abnahme ist von einem oder mehreren verantwortlichen Mitarbeitern zu erledigen. Übernimmt die Leistungserfassung eine andere Stelle als die Leistungsabnahme, verfährt ein Unternehmen nach dem Vier-Augen-Prinzip. Wenn mehr als zwei Verantwortliche an einer Abnahme beteiligt sind, durchläuft ein Freigabeverfahren alle notwendigen Stufen (= mehrstufige Leistungsabnahme).

Liegen grobe Mängel vor, in Form von Unbrauchbarkeit, Funktionsunfähigkeit oder fehlender Fertigstellung, setzt folgender Ablauf ein:

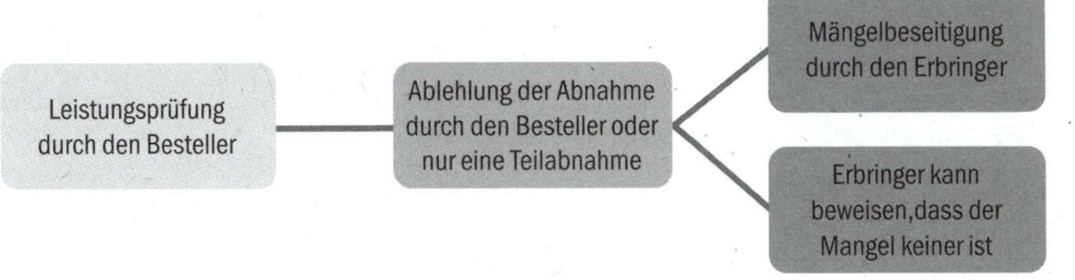


Die Umkehr der Beweislast: Vor der Abnahme einer Leistung liegt die Beweislast beim Leistungsersteller, dem Auftragnehmer. Nach der Abnahme wendet sich das Blatt und die Beweislast geht auf den Auftraggeber über. Im Zweifel muss dieser nun ein Gutachten erstellen lassen, um den Beweis für die Existenz eines Mangels antreten zu können.

**Prüfungstipp von Lea**

§ 640 BGB: *Der Besteller ist verpflichtet, das vertragsmäßig hergestellte Werk abzunehmen, sofern nicht nach der Beschaffenheit des Werkes die Abnahme ausgeschlossen ist. Wegen unwesentlicher Mängel kann die Abnahme nicht verweigert werden.*

Die Abnahme ist rechtlich von Bedeutung, da A) die Leistung erfüllt ist, B) die Bezahlung fällig ist, C) die Verjährungsfrist für Mängelansprüche einsetzt und D) die Beweislast vom Zeitpunkt der Abnahme an auf den Kunden übergeht.

# Leistungsabnahme

Arten der Abnahme • Abnahmeprotokoll

## Für's Protokoll

Manchmal besteht eine Leistung aus 100 Einzelteilen und ist bis ins letzte Detail zu kontrollieren, manchmal geht es nur um ein Teil und die Prüfung ist schnell abgehakt. Wichtig ist, dass – in irgendeiner Form - für den Besteller laut § 640 BGB eine Pflicht zur Abnahme besteht. Für die **Arten der Abnahme** gibt es unterschiedliche Varianten:

Die förmliche Abnahme: Der Besteller oder der Leistungserbringer (Auftraggeber oder Auftragnehmer) fordert zu einer förmlichen Abnahme an einem bestimmten Termin auf. An diesem Tag fertigen die Parteien ein schriftliches Abnahmeprotokoll an, das von beiden zu unterschreiben ist.

Die ausdrückliche Abnahme: „Alles in Ordnung“ - der Auftraggeber drückt sein Einverständnis mit der Leistung aus. Nötig ist ein Protokoll hierfür nicht. Jedoch ist es grundsätzlich sinnvoll, ein solches für den Fall der Fälle griffbereit zu haben.

Die konkludente Abnahme: Erledigt, bezahlt – so einfach ist das, wenn keine Mängel existieren. Die vollständige Zahlung der Leistung wird getätigt und kommt einer stillschweigenden Abnahme gleich.

Die fiktive Abnahme: Passiert es, dass ein Kunde nicht zur Abnahme erscheint, kann ein Unternehmen eine Frist zur Abnahme setzen, damit seine Arbeit abschließend vergütet wird. Zeigt der Besteller keine Reaktion, kommt dies einer Abnahme gleich und die Zahlung durch den Kunden ist fällig. (Vgl. BGB § 641 Abs. 1 Satz 3)

Die Abnahme unter Vorbehalt: Unter Vorbehalt bedeutet, dass der Kunde sich seine Rechte vorbehält. Dies wird er machen, wenn trotz vorliegender Mängel eine Abnahme stattfindet.

Die Abnahme in Teilen/Teilabnahme: Hierbei werden Teile einer Leistung abgenommen.

Werksabnahme: Abnahme eines Produkts beim Hersteller.

Inhalt eines Abnahmeprotokolls: Auftraggeber (u. U. vertreten durch...), Auftragnehmer (u. U. vertreten durch...), Vorbehalt, die Mängel, Termin zur Mängelbeseitigung, Preisminderungen für Mängel, die nicht beseitigt werden, Abnahmedatum (mit dem die Verjährungsfrist für Mängelansprüche beginnt).

Nach erfolgter Abnahme steht fest: *Auftrag ausgeführt!* Jetzt ist er abzuschließen.

## PRAXIS Übung 24

Lea ist zurzeit in der Marketingabteilung der *PRIMA Kölsch Privatbrauerei* eingesetzt. Für eine Maßnahme hat sie bei einer Druckerei 1 000 Flyer bestellt. Die Aktion soll in drei Wochen starten. Lea hat noch jede Menge dafür vorzubereiten, deshalb stellt sie das gelieferte Paket mit den Flyern zunächst ungeöffnet beiseite. Als die Aktion näherrückt, öffnet Lea das Paket und stellt fest, dass die Flyer in einer falschen Farbe gedruckt wurden.

A) Wie ist die rechtliche Lage?

B) Was muss Lea machen?

C) Wie lässt sich ein solcher Vorfall in Zukunft vermeiden?

Hier ist Platz für Deine Notizen. Einen Lösungsvorschlag findest Du am Ende des Buchs.

# Einleitung

## Station 3: Auftragsabschluss

Mit der Abnahme gilt der Auftrag als ausgeführt. Der Kunde ist glücklich und empfiehlt das Unternehmen hoffentlich weiter. Für die Mitarbeiter ist die Arbeit aber noch nicht getan. Jetzt folgt der Auftragsabschluss zur Beendigung aller Tätigkeiten, die mit dem Auftrag in Zusammenhang stehen. Unterlagen und Daten zusammensuchen, Belege für die Nachkalkulation sammeln, diese buchen, dem Kunden die Rechnung schicken und überwachen, ob er auch bezahlt.

3.1 Auftragsdokumentation vervollständigen und bearbeiten

3.2 Aufträge nachkalkulieren

3.3 Aufträge fakturieren, Kundenrechnungen erstellen

3.4 Zahlungseingänge überwachen und bei Bedarf Maßnahmen einleiten

Auf geht's!

# Abschlussbericht

Verlauf und Ergebnisse

## Am Ende steht der Bericht

Für große Aufträge lassen Unternehmen häufig Zwischenberichte anfertigen und nach Beendigung aller Tätigkeiten einen **Abschlussbericht**. Darin sind die geplanten Vorgaben und die tatsächlichen Ergebnisse eines Auftrags aufzunehmen und Problemlösungen zu erläutern. Hannah kennt das aus ihrem Ausbildungsbetrieb. Die *Lampen Himmel GmbH & Co. KG* plant regelmäßig größere Beleuchtungskonzepte, etwa für Verkaufsräume im Einzelhandel oder Neubauprojekte, über die nach der Umsetzung ein Bericht abzuliefern ist. Es sollen folgende Bestandteile enthalten sein:

| Einleitung | Hauptteil | Schluss |
|---|---|---|
| • Voraussetzungen<br>• Auftragsbeschreibung<br>• Besonderheiten<br>• Ziele<br>• organisatorische Bedingungen<br>• beteiligte Personen, intern und extern<br>• Beginn und Ende | • Plan-Werte<br>• Umsetzung/Abwicklung<br>• Verlauf (Zeitstrahl, Kostenverlaufskurve)<br>• Störungen<br>• erreichte Qualität<br>• erreichte Ziele<br>• Ist-Werte<br>• sonstige Ergebnisse<br>• Abgleich Soll- und Ist-Kosten | • Problem-Analyse<br>• Lessons Learned (gewonnene Erkenntnisse)<br>• Bewertung, Zielerreichung<br>• Feedback<br>• Perspektiven |

Ort, Datum und Unterschriften nicht vergessen!

# Auftragsdokumente

PRAXIS 25 • Prüfung auf Vollständigkeit und Richtigkeit

## PRAXIS Übung 25

Stell den Aufbau einer Abschlussdokumentation in einigen eigenen Stichworten dar.

## Papierkram

Alle Dokumente, die in irgendeiner Weise mit dem Auftrag zu tun haben, sind zu sammeln und zu vervollständigen. Kalkulation, Angebot, Auftragsbestätigung, Bestellung, Kaufvertrag, Lieferantenrechnungen, Bar-Belege, Rechnungen über Fremdleistungen, Zwischenberichte, Protokolle, Projektstrukturpläne, die technische Auftragsdokumentation oder auch Gesprächsnotizen der Kundengespräche und sämtlicher sonstiger Schriftverkehr.

Handwerksbetriebe arbeiten oftmals mit Formblättern zur Auftragsdokumentation, in denen die Arbeitszeit und der Materialverbrauch aufgeführt sind. Manchmal kommen Skizzen, Pläne oder Fotos hinzu, zudem Prüfprotokolle, um Ergebnisse zu dokumentieren.

In EDV-gestützten Systemen sollten alle Unterlagen mit wenigen Klicks griffbereit sein, von wo aus die befugten Mitarbeiter Zugriff auf sämtliche Dokumente haben. Sollten Unterlagen fehlen, Belege zum Beispiel, sind diese durch Notbelege zu ersetzen, da sonst, gemäß der alten Buchhalter-Regel „Keine Buchung ohne Beleg", keine Buchung möglich ist.

Zum Auftragsabschluss zählt auch die Kontrolle der Kunden- und Lieferantendaten in der Datenbank, die gegebenenfalls zu ändern sind. Somit sind alle Informationen zur Auftragsnachbearbeitung und für möglichen Folgeaufträge schnell zur Hand.

# Auftragsdokumente

## Prüfung auf Vollständigkeit und Richtigkeit

Alles vollständig und richtig?

Warum ist die **Vollständigkeit** und **Richtigkeit** der Unterlagen wichtig?

1. gesetzliche Dokumentations- und Aufbewahrungsfristen
2. Fristen für Gewährleistungen
3. Kunden- und Lieferanten-Analyse nach der ABC-Methode
4. schneller Überblick bei Folgeaufträgen
5. Vorbereitung für die Fakturierung und Erstellung der Kundenrechnung
6. Vorbereitung für die Auftragsnachbearbeitung, zur Ermittlung der Kundenzufriedenheit, zum Ergreifen von Maßnahmen zur Kundenbindung, zur Analyse der Probleme in Auftragsprozessen und zur Unterbreitung von Lösungsvorschlägen

# Nachkalkulation

Kostenüberdeckung • Kostenunterdeckung

## Nach dem Auftrag ist vor dem Auftrag

In der **Nachkalkulation** (= Kontrollkalkulation) sind die erwarteten Kosten mit den tatsächlich hervorgegangenen Kosten zu vergleichen. Wenn die Ist-Zuschlagsätze von den Normal-Zuschlagsätzen abweichen, liegt eine **Kostenüberdeckung** oder **Kostenunterdeckung** vor. Vor allem in der Auftragsfertigung sollte jeder Auftrag nachkalkuliert werden, um Abweichungen aufzudecken und festzustellen, ob der erwartete Gewinnsatz erzielt wurde. Die neuen Werte sind je nach Verfahren wiederum die Basis für zukünftige Angebotskalkulationen.

Für die Nachkalkulation müssen zwei Dinge her:

1. die Angebotskalkulation,
2. die Ist-Gemeinkosten-Zuschlagsätze.

Jetzt heißt es *learning by doing*. In der nächsten Übung ist die Nachkalkulation zum Auftrag aus Übung 6 zu berechnen.

## Praxis Übung 26

Kevin, Azubi beim Möbelhersteller *Lila Lounge GmbH* muss eine Nachkalkulation für einen Auftrag anfertigen, in dem das Bankinstitut *Heller & Pfennig* 20 Büroschreibtische „Moon Standard“ gekauft hat.

Die Ist-Gemeinkosten-Zuschlagsätze sind folgendermaßen eingetroffen:

Material: 11 %
Fertigung: 42 %
Verwaltung: 4,5 %
Vertrieb: 6,5 %

A) Berechne auch Du die Nachkalkulation. Greif dazu auf Dein Ergebnis aus Übung 6 zurück.

B) Welche Abweichungen sind beim Vergleich von Vor- und Nachkalkulation in Bezug auf den Gewinn festzustellen?

Hier ist Platz für Deine Notizen. Einen Lösungsvorschlag findest Du am Ende des Buchs.

# Doppelte Buchführung

Fakturierung • Rechnungsprüfung

## Auf die Konten fertig los!

Fakturieren, was bedeutet das? Die Fakturierung heißt auch Rechnungslegung, die Faktura ist der Bescheid über das für eine Leistung fällige Entgelt. Es sind die Vorfakturierung und die Nachfakturierung zu unterscheiden. Die Vorfakturierung erfolgt vor der Kommissionierung, die Nachfakturierung nach der Kommissionierung. Die erstellten Rechnungen gehen dann in die Buchhaltung zur Buchung der Geschäftsvorfälle.

Ob Warenverkauf oder Wareneinkauf – jede Rechnung ist in der doppelten Buchführung ordentlich zu buchen, immer Soll an Haben. Auch Abschreibungen zählen dazu sowie Rücksendungen mangelhafter Waren, Preisnachlässe bei fehlerhaften Produkten oder Skonti.

Vorab sind Rechnungen immer zu prüfen.

Zur sachlichen Prüfung zählen die Überprüfung von: Menge – Zahlungsbedingungen – Lieferbedingungen – Einzelpreisen – Skonto – Rabatt – Verpackungs- und Versandkosten – sonstigen Vereinbarungen

Zur rechnerischen Prüfung gehört das Nachrechnen von: Gesamtsumme – Skontobeträgen – Rabattbeträgen – Umsatzsteuerbeträgen – Rechnungsendbeträgen

Im Folgenden sind einige Geschäftsvorfälle, die den Azubis Lea, Kevin, Hannah und Emir in ihrem Berufsalltag immer wieder begegnen, aufgeführt.

*Prüfungstipp von Hannah*

**Kontierung**

Belege buchen und kontieren, also die Zuordnung der richtigen Kontonummern aus einem Kontenrahmen, zählte bereits zu den Aufgaben in der schriftlichen Prüfung.

Ich sehe mir die wichtigsten Buchungssätze noch einmal für die mündliche Prüfung an – sicher ist sicher! Und wenn Du das Prinzip verstanden hast, bildest Du alle anderen Buchungssätze mit Links.

## Einkauf von Waren

**Fall 1:** Die *Lila Lounge GmbH* kauft Handelswaren auf Rechnung in Höhe von 9.400,00 Euro netto, zzgl. 19 Prozent Umsatzsteuer (= 1.786,00 Euro), also für 11.186,00 Euro brutto, mit einem Zahlungsziel von 14 Tagen. Wie muss Kevin den Buchungssatz bilden (bestandsorientiert)?

| | | | | |
|---|---|---|---|---|
| Waren(eingang) | 9.400,00 EUR | | | |
| Vorsteuer 19 % | 1.786,00 EUR | an | Verbindlichkeiten a. LL | 11.186,00 EUR |

**Fall 1 a)**: Das Unternehmen begleicht die Rechnung der Handelswaren auf Ziel per Banküberweisung. Was muss Kevin nun machen?

| | | | | |
|---|---|---|---|---|
| Verbindlichkeiten a. LL | 11.186,00 EUR | an | Bank | 11.186,00 EUR |

**Fall 2**: Emir hat für seinen Ausbildungsbetrieb *Second Sight Ltd.* Ausgaben, die er bar aus der Kasse bezahlt. Eine Tankquittung in Höhe von 95,00 Euro ist zu bezahlen. Darin sind 15,17 Euro Vorsteuer enthalten. Der Nettopreis beträgt folglich 79,83 Euro. Wie bildet er den Buchungssatz?

| | | | | |
|---|---|---|---|---|
| Aufwendungen für Energie und Treibstoff | 79,83 EUR | | | |
| Vorsteuer 19 % | 15,17 EUR | an | Kasse | 95,00 EUR |

**Fall 3**: Die *Lampen Himmel GmbH & Co. KG* kauft Waren in Höhe von 2.318,95 Euro brutto. Darin sind 318,95 Euro Transportkosten enthalten. Hannah muss den Buchungssatz bilden (bestandsorientiert). Aber wie?

| | | | | |
|---|---|---|---|---|
| Waren(eingang) | 1.680,67 EUR | | | |
| Bezugskosten | 268,03 EUR | | | |
| Vorsteuer 19 % | 370,25 EUR | an | Verbindlichkeiten a. LL | 2.318,95 EUR |

# Doppelte Buchführung

Fakturierung • Die wichtigsten Buchungssätze für den Einkauf und Verkauf von Waren • Kontenrahmen

**Fall 4**: Die *Lampen Himmel GmbH & Co. KG* bestellt Waren für 1.500,00 Euro brutto. Einige Teile sind jedoch mangelhaft und Hannah muss sie zurückschicken. Der Wert der defekten Teile liegt bei 230,00 Euro brutto. Da der Lieferant keinen Ersatz anbieten kann, ist der Rechnungsbetrag zu ändern. Was ist für Hannah zu tun?

| | | | | |
|---|---|---|---|---|
| Verbindlichkeiten a. LL | 230,00 EUR | an | Waren(eingang) | 193,28 EUR |
| | | | Vorsteuer 19 % | 36,72 EUR |

**Fall 5**: Die *Lampen Himmel GmbH & Co. KG* kauft Waren und stellt beim Wareneingang an einigen Teilen leichte Beschädigungen fest. Sie sind dennoch zu verwenden. Das Unternehmen handelt mit dem Lieferanten einen Preisnachlass in Höhe von 600,00 Euro netto aus. Welche Folgen hat das für Hannah in Bezug auf die Buchung?

| | | | | |
|---|---|---|---|---|
| Verbindlichkeiten a. LL | 714,00 EUR | an | Nachlässe Handelswaren | 600,00 EUR |
| | | | Vorsteuer 19 % | 114,00 EUR |

**Fall 6**: Die *PRIMA Kölsch Privatbrauerei* kauft Rohstoffe in Höhe von 20.000,00 Euro brutto (7 % Vorsteuer) ein. Hinzu kommen 6.000,00 Euro Bezugskosten brutto, die sich aus Verpackung und Frachtkosten zusammensetzen. Die Rechnung ist nach 14 Tagen per Banküberweisung fällig. Wie sieht der von Lea zu bildende Buchungssatz aus (aufwandsorientiert)?

| | | | | |
|---|---|---|---|---|
| Aufwand für Rohstoffe | 18.691,59 EUR | | | |
| Bezugskosten für Rohstoffe | 5.607,48 EUR | | | |
| Vorsteuer 7 % | 1.700,93 EUR | an | Verbindlichkeiten a. LL | 26.000 EUR |

## Prüfungstipp von Emir

**Kontenrahmen**

Wenn, dann erhalten wir in der Prüfung einen Kontenrahmen bzw. einen Auszug aus einem Kontenrahmen, mit dem wir die gestellte Aufgabe lösen können.

Also keine Panik, wir müssen den IKR (= Industriekontenrahmen), den SKR 03 und den SKR 04 (SKR = Standardkontenrahmen) nicht auswendig kennen.

**Fall 7**: Für einen Auftrag war der Rohstoff Holz in Höhe von 9.000,00 Euro netto einzukaufen. Die Rechnung wurde vor 14 Tagen eingebucht, ist jetzt fällig und vom Bankkonto zu bezahlen, zzgl. 1.710,00 Euro Umsatzsteuer. Was hat Kevin zu tun?

| | | | | |
|---|---|---|---|---|
| Verbindlichkeiten a. LL | 10.710,00 EUR | an | Bank | 10.710,00 EUR |

**Fall 8:** Im Januar wurde eine neue Produktionsmaschine angeschafft. Der Preis lag bei 80.000,00 Euro netto (Kauf auf Ziel; Umsatzsteuersatz 19 Prozent). Wie bucht Lea die Rechnung ein?

| | | | | |
|---|---|---|---|---|
| Maschinen und Anlagen | 80.000,00 EUR | | | |
| Vorsteuer 19 % | 15.200,00 EUR | an | Verbindlichkeiten a. LL | 95.200,00 EUR |

**Fall 8 a)**: Wie muss Lea buchen, wenn die Rechnung bezahlt wird?

| | | | | |
|---|---|---|---|---|
| Verbindlichkeiten a. LL | 95.200,00 EUR | an | Bank | 95.200,00 EUR |

**Fall 8 b)**: Die Produktionsmaschine ist linear abzuschreiben. Die Nutzungsdauer beträgt 10 Jahre. Welcher Buchungssatz am Geschäftsjahresende ergibt sich hieraus für Lea?

| | | | | |
|---|---|---|---|---|
| Abschreibungen auf Sachanlagen | 8.000,00 EUR | an | Maschinen und Anlagen | 8.000,00 EUR |

## Verkauf von Waren

**Fall 1**: Die *PRIMA Kölsch Privatbrauerei GmbH & Co. OHG* verkauft selbst hergestellte Waren für 780,00 Euro netto auf Ziel an einen Kunden, Zahlung ohne Abzüge. Wie sieht der Buchungssatz für Lea aus?

| | | | | |
|---|---|---|---|---|
| Forderungen a. LL | 928,20 EUR | an | Umsatzerlöse f. eigene Erzeugnisse | 780,00 EUR |
| | | an | Umsatzsteuer 19 % | 148,20 EUR |

**Fall 1 a)**: Der Kunde bezahlt die Rechnung vollständig per Banküberweisung. Wie geht es für Lea weiter?

| | | | | |
|---|---|---|---|---|
| Bank | 928,20 EUR | an | Forderungen a. LL | 928,20 EUR |

**Fall 2**: Ein Kunde der *Lampen Himmel GmbH & Co. KG* reklamiert eine Lampe, die leicht beschädigt ist. Beide Parteien einigen sich auf einen Preisnachlass in Höhe von 250,00 Euro netto. Wie muss Hannah den Buchungssatz bilden?

| | | | | |
|---|---|---|---|---|
| Erlösberichtigungen für Handelswaren | 250,00 EUR | | | |
| Umsatzsteuer 19 % | 47,50 EUR | an | Forderungen a. LL | 297,50 EUR |

**Fall 3**: Hannah verkauft eine Stehlampe für 450,00 Euro brutto. Der Kunde zahlt bar. Bilde den Buchungssatz.

| | | | | |
|---|---|---|---|---|
| Kasse | 450,00 EUR | an | Umsatzerlöse für Handelswaren | 378,15 EUR |
| | | an | Umsatzsteuer 19 % | 71,85 EUR |

**Fall 4**: Emir verkauft an einen Kunden 4 Werbefolien für 380,00 Euro brutto, die er ihm per DHL zusendet. Eine Folie im Wert von 98,00 Euro brutto ist jedoch defekt und der Kunde schickt sie zurück. Wie bildet Emir die Buchungssätze?

**Ausgangsrechnung**

| | | | | |
|---|---|---|---|---|
| Forderungen a. LL | 380,00 EUR | an | Umsatzerlöse für Handelswaren | 319,33 EUR |
| | | an | Umsatzsteuer 19 % | 60, 67 EUR |

**Rücksendebuchung**

| | | | | |
|---|---|---|---|---|
| Umsatzerlöse für Handelswaren | 82,35 EUR | | | |
| Umsatzsteuer 19 % | 15,65 EUR | an | Forderungen a. LL | 98,00 EUR |

**Fall 5**: Ein Getränkehändler bezahlt eine Rechnung über eine Kölsch-Lieferung über 900,00 Euro brutto der *PRIMA Kölsch Privatbrauerei*. Die Zahlung geht abzüglich 3 Prozent Skonto auf dem Bankkonto ein. Was hat Lea zu tun?

| | | | | |
|---|---|---|---|---|
| Bank | 873,00 EUR | | | |
| Erlösberichtigung | 22,69 EUR | | | |
| Umsatzsteuer 19 % | 4,31 EUR | an | Forderungen a. LL | 900,00 EUR |

# Kundenrechnung

Angaben • Aufbewahrungsfrist

## Bitte zahlen!

Ein Klick – „**Kundenrechnung erstellen**" – und fertig. So sieht dieser Vorgang in der Praxis meistens aus, sofern die Firma ein IT-System einsetzt, mit dem die Auftragssteuerung automatisch läuft. Mit dem Rechnungsdokument stellt ein Unternehmen dem Auftraggeber die erfolgte Lieferung oder eine sonstige Leistung in Rechnung. Manchmal ist eine Kundenrechnung auch ohne Vorlage zu erstellen. Egal auf welche Weise, bestimmte Angaben müssen enthalten sein:

- Vollständiger Name und Anschrift des leistenden Unternehmens und des Leistungsempfängers
- Ausstellungsdatum der Rechnung
- fortlaufende Rechnungsnummer
- Art und Zeitpunkt der Lieferung bzw. Leistung
- Nettopreis
- MwSt.
- Bruttopreis
- ggf. vereinbarte Rabatte und Skonto
- Zahlungsfrist
- Steuernummer oder Umsatzsteuer-Identifikationsnummer des Rechnungsstellers
- Bankverbindung

Eine Unterschrift ist nicht nötig.

*Nachgefragt!* Wie lange ist eine Kundenrechnung aufzubewahren? 10 Jahre. Dies ist die Frist für alle zahlungsrelevanten Unterlagen. Der Unternehmer hat dafür zu sorgen, dass sie im Original gut aufbewahrt und auch in zehn Jahren aufzufinden und lesbar sind.

## Warten auf's Geld

Die Rechnung ist raus, jetzt verstreicht die Frist, innerhalb der die geforderte Summe durch den Auftraggeber zu bezahlen ist. Folgende Situationen sind denkbar:

In der Rechnung wurde ein **konkretes Datum** (bzw. ein kalendermäßig zu bestimmender Tag) für die Zahlung genannt. Beispiele:

⇨ Zahlbar bis zum 30.09.

⇨ Zahlbar innerhalb von 14 Tagen ab Rechnungserhalt

Verstreicht dieser Zeitpunkt, setzt automatisch **Zahlungsverzug** ein. Wurde **kein kalendermäßig zu bestimmender Tag** genannt, gerät ein Schuldner, der auch Kaufmann ist, automatisch 30 Tage nach Zugang und Fälligkeit der Rechnung in Verzug. Es bedarf dazu keiner Mahnung. Aus Gründen einer guten Geschäftsbeziehung, sendet man in der Praxis aber in der Regel auch hier zunächst eine Zahlungserinnerung.

Ist der Schuldner ein Verbraucher (Privatperson), musste er bereits bei Rechnungsstellung ausdrücklich auf die 30-Tage-Frist hingewiesen werden. Anderenfalls gerät er erst mit Zugang einer Mahnung in Verzug.

Hier der passende Paragraph aus dem Bürgerlichen Gesetzbuch:

**§ 286 (3) BGB**
*Der Schuldner einer Entgeltforderung kommt spätestens in Verzug, wenn er nicht innerhalb von 30 Tagen nach Fälligkeit und Zugang einer Rechnung oder gleichwertigen Zahlungsaufstellung leistet; dies gilt gegenüber einem Schuldner, der Verbraucher ist, nur, wenn auf diese Folgen in der Rechnung oder Zahlungsaufstellung besonders hingewiesen worden ist. Wenn der Zeitpunkt des Zugangs der Rechnung oder Zahlungsaufstellung unsicher ist, kommt der Schuldner, der nicht Verbraucher ist, spätestens 30 Tage nach Fälligkeit und Empfang der Gegenleistung in Verzug. […]*

# Forderungsmanagement

Verzug • Verzugsschaden • Verzugszinsen • Kaufmännisches Mahnverfahren

Prüfungstipp von Lea

**Verzugszinsen**

Erinnere Dich an die Verzugszinsen: Tritt der Verzug ein, können diese berechnet werden. Ist der Kunde ein Verbraucher = 5 Prozent über dem Basiszinssatz*, ist er Unternehmer = 9 Prozent.

Die Effektivzinsformel:

$$\frac{\text{Bruttobetrag x Zinssatz x Tage}}{\text{100 x 365 (oder 366 im Schaltjahr)}}$$

Alle Tage von der Fälligkeit bis zur Rückzahlung sind voll anzurechnende Zinstage.

Zusatzinfo: Buchungssatz =

Forderungen an Zinsertrag

*Der aktuelle Basiszinssatz ist auf *www.basiszinssatz.de* zu finden.

## Achtung Zahlungsrückstand

Ab dem Verzugszeitpunkt kann der Gläubiger **Verzugszinsen** fordern.

Bei Unternehmern, die in Verzug geraten, darf unabhängig von der Höhe der Forderung zusätzlich zu den Verzugszinsen eine **Mahnpauschale** von 40,00 Euro berechnet werden. Rechtlich wird hierbei von einem **Verzugsschaden** gesprochen.

Auch hier ein Auszug aus dem **BGB (§ 288 Abs. 5)**
*Der Gläubiger einer Entgeltforderung hat bei Verzug des Schuldners, wenn dieser kein Verbraucher ist, außerdem einen Anspruch auf Zahlung einer Pauschale in Höhe von 40 Euro.*

Unternehmen verfahren im kaufmännischen (außergerichtlichen) **Mahnwesen** häufig nach einem 3-stufigen-Prinzip. Sie versenden als erstes eine freundliche Zahlungserinnerung. Etwa 14 Tage später folgt die zweite Mahnung, meist mit einer Fristsetzung für die Zahlung. Die dritte Stufe wird nach weiteren zwei Wochen beschritten. In der letzten Mahnung ist der Wortlaut üblicherweise sehr bestimmt und inhaltlich wird letztmalig zur Zahlung aufgefordert, zudem werden gerichtliche Maßnahmen angedroht.

*Nachgefragt!* Was ist der wesentliche Unterschied zwischen Debitorenbuchhaltung und Kreditorenbuchhaltung? Die Debitorenbuchhaltung setzt sich mit den Ausgangsrechnungen an die Kunden auseinander, die Kreditorenbuchhaltung mit den Eingangsrechnungen der Lieferanten und externer Dienstleister.

## Factoring: Liquiditätsengpässe vermeiden

Zahlungsfrist abwarten, Zahlungsrückstand erkennen, kaufmännisches Mahnverfahren durchführen, gerichtliches Mahnverfahren anschließen – puh, dabei kann einem Unternehmen die Puste ausgehen. Und das Geld!

**Factoring ist ein Finanzierungsinstrument, mit dem es gar nicht erst so weit kommt. Wie funktioniert das?**

Eine Factorgesellschaft kauft dem Factoringnehmer Forderungen aus Lieferungen und Leistungen ab. Den Großteil des Gegenwerts der Forderungen, zwischen 80 und 90 Prozent, zahlt der Factor zeitnah aus. Dieses Geld steht dem Unternehmen sofort als liquides Mittel zur Verfügung.

Der Factoring-Anbieter übernimmt das Risiko der Forderungsausfälle (= Delkrederefunktion). Dadurch schützt das Unternehmen sich vor Liquiditätsengpässen.

Die Kunden erhalten ihre Rechnung vom Factor, der auch deren Bonität prüft. Sobald ein Kunde zahlt, fließen auch die einbehaltenen 10 bis 20 Prozent des Sicherungsanteils – abzüglich einer Gebühr - an das Unternehmen. Die genauen Bedingungen des Factorings sind in einem Factoring-Vertrag geregelt.

# Factoring

Sicherheit: Liquiditätssicherung, Risikoabsicherung • Service: Debitorenmanagement • Vorteile • Nachteile

**Die gängigen Arten des Factorings:**

Full-Factoring oder Standardfactoring: umsatzkongruente Finanzierung, Risikoabsicherung, Debitorenmanagement

Inhouse-Factoring: Nutzung der Sicherheitskomponenten Finanzierung und Risikoabsicherung, aber Verzicht auf Serviceleistungen wie Debitorenmanagement

Fälligkeitsfactoring: Risikoabsicherung, Entlastung im Debitorenmanagement, aber Verzicht auf sofortige Regulierung der Forderung; Auszahlung, wenn der Factor das Geld eingetrieben hat

**Vorteile des Factorings:** sofortiger Geldeingang (außer bei Fälligkeitsfactoring), Planungssicherheit, Vermeidung eines Liquiditätsengpasses, Debitorenmanagement mit Mahnwesen und Inkasso außer Haus, Bonitätsprüfung der Kunden, Erhöhung der Eigenkapitalquote

**Nachteile des Factorings:** Kosten in Form von Gebühren und Zinsen, Kundenbindung kann leiden, nicht für jede Branche geeignet

## Vor Gericht

Manchmal ist im persönlichen Kontakt mit einem Kunden, der seine Rechnung nicht bezahlt, doch eine Lösung zu finden. Manchmal aber auch nicht. Kevin hat in seiner Ausbildung bei der *Lila Lounge GmbH* auch die Abteilung Debitorenmanagement durchlaufen und dort das gerichtliche Mahnverfahren kennengelernt. Dies setzt ein, wenn ein Kunde nach der dritten Mahnung immer noch zahlungsunwillig ist.

Schritt 1: Antrag beim Amtsgericht stellen

Schritt 2: Mahnbescheid erstellen und dem Schuldner zusenden, Ansprüche werden NICHT geprüft

Schritt 3: Schuldner zahlt oder widerspricht innerhalb von 2 Wochen oder bleibt untätig

Schritt 4: Bei Zahlung ist der Fall abgeschlossen. Bei Nicht-Zahlung erstellt der Gläubiger einen Widerspruch und bereitet eine Klage zur gerichtlichen Verhandlung vor, Beantragung eines Vollstreckungsbescheids

Schritt 5: Schuldner zahlt nun oder widerspricht noch einmal oder rührt sich weiterhin nicht ⇨ letzte Situation führt zur Zwangsvollstreckung

## PRAXIS Übung 27

Ein Kunde der *Second Sight Ltd.*, Herr Waaß, der ebenfalls Unternehmer ist, hat die Rechnung für ein Softwarepaket in Höhe von 750,00 Euro nach einer vereinbarten Zahlungsfrist bis zum 24.07.2025 nach Erhalt der Ware erst am 07.11.2025 bezahlt.

A) Erläutere die rechtliche Grundlage für das Einsetzen des Verzugs.

B) Welche Kosten kann Emir geltend machen?

C) Berechne die Verzugszinsen, die geltend zu machen sind.
(Basiszinssatz ab 01.07.2025: 1,27 %; Formel Effektivzins)

 

# 4. Auftragsnachbereitung

## Auf in den Endspurt!

Die Abwicklung eines Auftrags ist umfangreich und an zahlreichen Schnittstellen können Probleme und Missverständnisse auftreten. Zu jeder Zeit gilt es, einen kühlen Kopf zu bewahren und vor allem im Kundenkontakt stets die Zufriedenheit des Kunden vor Augen zu behalten. Dazu gehört auch die professionelle Bearbeitung möglicher Beschwerden und der Kunstgriff, einen verärgerten Kunden in einen zufriedenen Kunden zu verwandeln, der sich aufgrund eines gelungenen Beschwerdemanagements umso mehr an das Unternehmen hat binden lassen.

Im letzten Kapitel steht deshalb noch einmal der Kunde und zudem die Problemanalyse im Mittelpunkt.

4.1 Kundenzufriedenheit ermitteln und auswerten

4.2 Maßnahmen zur Kundenbindung initiieren

4.3 Kundenreklamationen bearbeiten

4.4 Probleme in Auftragsprozessen identifizieren und analysieren

4.5 Problemlösungen vorschlagen

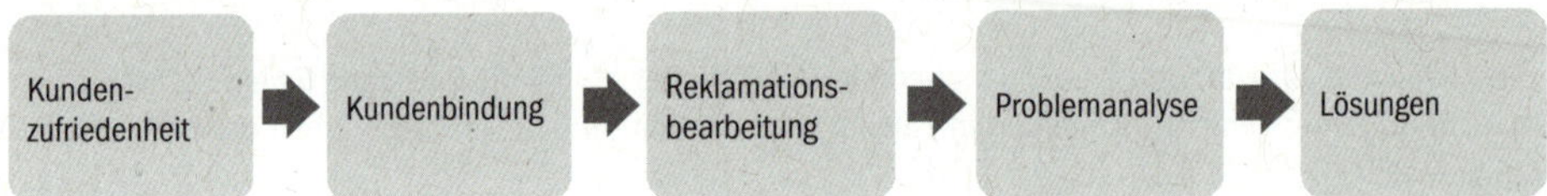


Wenn Du dieses Kapitel, genau wie Lea, Kevin, Hannah und Emir durcharbeitest, profitierst Du am Ende genau wie die Lerngruppe mit vertieftem Wissen zur Auftragsnachbearbeitung und Profi-Tipps aus dem Bereich Kommunikation, die Dich zum souveränen Ansprechpartner für Kunden und Geschäftspartner in Deinem Ausbildungsbetrieb machen.

## Rundum glücklich

Ob ein Kunde mit der Leistung, dem Service und der gesamten Auftragsabwicklung rundum zufrieden ist oder ob es für bestimmte Aspekte Punktabzug gibt, lässt sich nur herausfinden, indem er gefragt wird. Das Mittel zur Feststellung der Kundenzufriedenheit heißt folglich: **Kundendialog**. Dieser legt Bedürfnisse und Erwartungen der Kunden durch Kontrollabfragen offen und bildet die Basis für eine Auswertung (= Analyse) zur Verbesserung der Produkte, der Dienstleistungen, des Service und der Prozesse. Die Fragen können folgende Punkte beinhalten:

- Lage des Geschäfts
- Verfügbarkeit von Parkplätzen
- Verkaufsraum oder Internetpräsenz
- Erscheinungsbild der Verkaufsmitarbeiter
- Fachkompetenz und Beratung
- Hilfestellung bei Problemen
- Verständlichkeit der Mitarbeiter
- Lieferzeiten
- Sortiment und Produkte
- Preise
- Qualität der Produkte
- Erreichbarkeit per E-Mail, Fax und Telefon
- Werbung
- Rabattangebote
- Verkaufsfolge-Management

Fragekategorien für einen Fragebogen:

- Offene Fragen (z. B. W-Fragen: Was? Wie? Warum? Wer? Wo? Wozu?)
- Geschlossene Fragen (ja oder nein als Antwortmöglichkeit)
- Skalierte Fragen (Abstufungsmöglichkeit, z. B. sehr gut – gut – weniger gut – nicht gut; oder nach einem Punktesystem)

# Ermittlung und Auswertung

Feedback • Kundendialog • Kundenbesuch

## Die goldenen Feedback-Regeln

Persönliche Gespräche mit den Kunden schaffen Vertrauen. Selbst nach erfolgter Auftragsabwicklung hört der **Kundendialog** nicht auf. Die Mitarbeiter eines Unternehmens holen aktiv eine Rückmeldung – ein Feedback – von ihren Kunden ein, um sich ein genaues Bild ihrer Wünsche und Interesse zu machen. Hierfür gelten einige Grundsätze:

1. gut zuhören
2. Sachlichkeit
3. Respekt, also keine Beleidigungen oder Vorwürfe (vgl. auch aktives Zuhören und Ich-Botschaften)
4. Augenhöhe wahren
5. Zielorientierung
6. ausreden lassen
7. Unklarheiten beseitigen
8. evtl. einen Feedbackbogen entwerfen und einsetzen
9. Unterlagen auswerten und weiterleiten

Manchmal genügt ein Anruf bei einem Kunden, um ein Feedback einzuholen. Vor allem im B2B sind zwecks After-Sales-Betreuung jedoch oftmals **Kundenbesuche** nötig. In einem abschließenden Schritt erfolgt schließlich noch die Reflektion des eigenen Verhaltens (vgl. 25-Punkte-Checkliste in Kap. 1.1).

## PRAXIS Übung 28

Emir soll einen Fragebogen zur Ermittlung der Kundenzufriedenheit der Kunden der *Second Sight Ltd.* entwickeln. Überleg Dir zehn Fragen, die er stellen kann.

Hier ist Platz für Deine Notizen. Einen Lösungsvorschlag findest Du am Ende des Buchs.

# Kundenpflege

Kundenbindungsinstrumente

## Wiederholungstäter

Die Kunden der *PRIMA Kölsch Privatbrauerei*, der *Lila Lounge*, des *Lampen Himmels* und von *Second Sight* profitieren von fachlicher Beratung und Betreuung, einem funktionierenden Kommunikationsfluss, von Qualitätskontrollen und Serviceleistungen. In der Phase der Auftragsnachbearbeitung setzen die Mitarbeiter der Unternehmen alles daran, ihre Kunden zu Wiederholungskäufern zu machen, da die Mühe, einen Neukunden zu gewinnen um ein Vielfaches größer ist. Die Kundenbindung verläuft manchmal auch über Events oder Werbung. Besonders wichtige Kunden, also A-Kunden, werden von Key-Account-Managern betreut. Darüber hinaus stehen einige Mittel zur Kundenbindung bereit:

- Gutscheine und Rabattcodes für Online-Einkäufe
- Kataloge
- Rabattaktionen
- Coupons
- Ausgabe von Produktproben
- Freundschaftswerbung
- Kundenkarten
- Clubs
- Bonuskarten
- Schaffung einer Internet-Community
- Probieren von Produkten, z. B. Bier (oder Käse, Brotaufstriche, Kuchenhäppchen)
- ein Getränk oder den Nachtisch auf das Haus (im hauseigenen Restaurant)
- besondere Benachrichtigung vor einem Ausverkauf oder eine Einladung zu einem Sonderverkauf mit extra Rabatten
- Preisnachlässe im Cross Selling (= Querverkauf, bzw. Verkauf weiterer ergänzender Produkte)
- Unterstützung gemeinnütziger Organisationen

Die Maßnahmen des Direktmarketings sind vor allem immer dann einzusetzen, wenn ein Kunde droht, den Kundenlebenszyklus (vgl. übernächste Seite) zu verlassen.

## Erwartungen übertreffen

Eine erfolgreiche Kundenbindung basiert nicht nur auf einzelnen Aktionen. Mit der Zusendung eines Rabattscheins oder Katalogs ist noch kein neuer Kunde gewonnen. Nein, es geht um mehr.

1. Das Unternehmensleitbild beinhaltet ein strategisches Kundenbindungsprogramm.
2. Alle Mitarbeiter eines Unternehmens, sowohl aus den Bereichen Fertigung, Vertrieb, Marketing und Verkauf haben das Unternehmensleitbild verinnerlicht und tragen es nach außen.
3. Mitarbeiter im Kundenkontakt sind sich ihrer Wirkung bewusst. Die Chemie muss stimmen. Denn auch wenn Produkt und Preis zunächst im Vordergrund stehen, nimmt der Kunde zum größten Teil den Verkäufer in seiner Gesamtheit wahr, seine Mimik, seine Gestik, seinen Tonfall, seine Korperhaltung, seinen Geruch und seine Kleidung. Hat der Kunde ein gutes Bauchgefühl, hat auch der Verkäufer gute Karten, das Produkt zu verkaufen.
4. Das Unternehmen hat Alleinstellungsmerkmale geschaffen, die es von anderen abhebt.
5. Es begreift Beschwerden als ein Sprungbrett für Verbesserungen.
6. Die Mitarbeiter halten ihre Versprechen Kunden gegenüber.
7. Sie übertreffen Erwartungen.

# Kundenpflege

## Kundenlebenszyklus

### V.I.P.

Einen Kunden durch produktspezifische und kaufmännische Beratung gewinnen, ihn an das Unternehmen binden und für einen langen Zeitraum halten und ihn notfalls auch zurückgewinnen, wenn er bereits zur Konkurrenz abgewandert ist, das ist die große Kunst der Kundenpflege. Der Zyklus, in dem eine Person ein aktueller und aktiver Kunde ist, nennt sich Kundenlebenszyklus (engl. *customer life cycle*). In allen Phasen wirken Maßnahmen des Kundenbindungsmanagements. Phase 1 setzt mit dem ersten Kauf ein und das Neukundenmanagement startet, Phase 2 beinhaltet das Zufriedenheitsmanagement, Phase 3 das Beschwerdemanagement und Phase 4 die Kündigungsprävention. Und zwischendurch lauern immer wieder Gefahren, die rechtzeitig zu erkennen sind, um sich die Kundenloyalität zu sichern.

## PRAXIS Übung 29

Welche Maßnahmen sind in den vier Phasen des Kundenlebenszyklus und bei Abwanderung vonnöten? Nenne je ein Schlagwort.

Phase 1 Neukunde

Phase 2 Bestandskunde

Phase 3 gefährdeter Bestandskunde

Phase 4 Verlorener Kunde

Einen Lösungsvorschlag findest Du am Ende des Buchs.

# Kundenpflege

Kundenbindungsarten

## Arten der Kundenbindung

Kundenbindung verläuft über das Produkt, den Preis, die Kommunikation und den Vertrieb. Rabattaktionen und andere als Lockmittel eingesetzte Anreize sollen einen Kunden, der schon einmal da ist, dazu bewegen, einem Unternehmen treu zu bleiben. Auch verbindliche Terminzusagen und zuverlässige Auftragsabwicklung zählen dazu.

Die Art der Bindung kann unterschiedlich aussehen:

1. vertraglich (z. B. Leasing, Versicherungen)
2. faktisch, ökonomisch (z. B. Verlust von Rücklagen bei Auflösung der Gebundenheit)
3. technisch-funktional (z. B. durch eine technische Basisleistung, auf die Wartungen folgen)
4. psychologisch (auf Zufriedenheit beruhend oder ethischen Gründen basierend)

## Aus Kundensicht

Der Kunde hat seine ganz eigene Sicht auf den Service eines Unternehmens. Er beurteilt den ersten Eindruck des Geschäfts, das Erscheinungsbild der Mitarbeiter, ihre Kompetenz, Freundlichkeit und Kommunikationsstärke. Der Kunde sieht und erlebt zudem:

1. Entfernung bzw. Erreichbarkeit, Parkplätze
2. Verkaufsraum oder Internetpräsenz
3. Fachkompetenz und korrekte Beratung
4. Verlässlichkeit der Werbeaussagen
5. Empathie
6. Rabatte
7. Hilfe bei der Lösung eines Problems

Zwischen Erwartung und Erfüllung der Anforderung können sich an vielen Stellen Missverhältnisse herausbilden. Um genau diese Lücken in der Servicequalität zu entdecken, kann sich ein Unternehmen eines Gap-Modells (vgl. Kap. 4.3) bedienen.

# Ziele

Mehrwert • Kundenbindungsprogramme

## Zusatznutzen schaffen

Aussichtsreiche **Kundenbindungsprogramme** haben folgende **Ziele**: Umsatzsteigerung – Kundendatengewinnung – Loyalitätssteigerung – Verlängerung des Kundenlebenszyklus – Stammkundenpflege – Steigerung des Kundenwerts – erfolgreiche Kundenrückgewinnung.

Das heißt im Klartext: Maßnahmen zur Kundenbindung machen aus Käufern regelmäßige Kunden. Die Folge sind zahlenmäßig mehr Kunden, die sich zu loyalen Kunden entwickeln, die mehr und häufiger einkaufen und Weiterempfehlungen aussprechen.

In jedem Unternehmen ist Kreativität gefragt, die dazu einzusetzen ist, einen Zusatznutzen zu schaffen, um für einen Kunden **mehr wert zu sein** als die Mitbewerber. Es bietet sich an, ein Forum einzurichten, einen Info-Channel oder Präsenz in sozialen Medien zu zeigen.

Beispiele für Kundenbindungsprogramme: Punkte sammeln (für Einkäufe, Flüge oder Bahnfahrten), Stempelkarten (z. B. beim Bäcker „das 11te Brot gratis", Exklusiv-Programme für A-Kunden (kein Anstehen, Upgrades, persönliche Kundenbetreuung oder Prämienaktionen z. B. für Zeitschriftenabonnenten).

*Prüfungstipp von Hannah*

**Report-Tipp!**

Du hast noch kein Report-Thema? „Maßnahmen zur Kundenbindung initiieren" ist optimal geeignet. Wenn Du diese Aufgabe in Deinem Ausbildungsbetrieb durchführen musstest, nichts wie ran an den Report. Zeig, dass Du eine betriebliche Herausforderung kreativ lösen konntest.

Halt Dich an die u-form PLUS **15-Punkte-Checkliste**!
Siehe Addons:

www.u-form.de/addons/2314-2025.zip

## PRAXIS Übung 30

Kevin soll drei Vorschläge für Kundenbindungsprogramme machen, die hier noch nicht aufgeführt wurden.

Welche Ideen hast Du dazu?

Erstens: ______________________________

Zweitens: ______________________________

Drittens: ______________________________

Einen Lösungsvorschlag findest Du am Ende des Buchs.

*Nachgefragt!* Warum ist die Kundenzufriedenheit so bedeutend? Kundenbeziehungen von Dauer dienen dem wirtschaftlichen Nutzen eines Unternehmens. Treue Kunden sind Wiederholungskäufer und sprechen Weiterempfehlungen aus oder nehmen durch Freundschaftswerbung aktiv an der Neukundengewinnung teil. Dies fördert das Umsatzwachstum und die Rentabilitätssteigerung, da sie häufiger kaufen, bereit sind einen höheren Preis zu akzeptieren und weniger Verwaltungskosten verursachen.

# Rechtliche Grundlagen

## Mangelhafte Ware ⇨ Reklamation

Büromanager, die die Gesetzeslage kennen, stehen Kunden und Lieferanten bei Reklamationen selbstsicher gegenüber und können Probleme lösen. Auf der einen Seite sind Beanstandungen durch Kunden zu bearbeiten, auf der anderen Seite Mängelrügen auszulösen, wenn eingekaufte Waren oder Materialien Mängel aufweisen.

Das Gewährleistungsrecht legt fest, dass eine Ware beim Kauf keinen Mangel aufweisen darf. (Vgl. BGB, §§ 433, 434)

- *Der Verkäufer hat dem Käufer die Sache frei von Sach- und Rechtsmängeln zu verschaffen.*
- *Die Sache ist frei von Sachmängeln, wenn sie bei Gefahrübergang die vereinbarte Beschaffenheit hat.*
- *[...] wenn sie [die Sache] sich für die nach dem Vertrag vorausgesetzte Verwendung eignet*
- *[...] wenn sie sich für die gewöhnliche Verwendung eignet und eine Beschaffenheit aufweist, die bei Sachen der gleichen Art üblich ist und die der Käufer nach der Art der Sache erwarten kann.*
- *Zu der Beschaffenheit [...] gehören auch Eigenschaften, die der Käufer nach den öffentlichen Äußerungen des Verkäufers, des Herstellers [...] insbesondere in der Werbung oder bei der Kennzeichnung über bestimmte Eigenschaften der Sache erwarten kann.*
- *Ein Sachmangel ist auch dann gegeben, wenn die vereinbarte Montage durch den Verkäufer oder dessen Erfüllungsgehilfen unsachgemäß durchgeführt worden ist.*
- *Einem Sachmangel steht es gleich, wenn der Verkäufer eine andere Sache oder eine zu geringe Menge liefert.*

Etwas Anderes als Gewährleistung ist **Kulanz**. Sie ist eine freiwillige Leistung eines Unternehmers, der bei einem Hergang die Kosten-Nutzen-Relation abschätzt. Dabei setzt der Unternehmer die Kosten des Beschwerdefalls in ein Verhältnis zum Nutzen, den er von dem Kunden noch haben könnte. Bei einer Behebung aus Kulanz setzt jedoch die Frist für die Gewährleistung erneut ein, es sei denn sie erfolgt „ohne Anerkennung einer Rechtspflicht".

### Prüfungstipp von Lea

**Gewährleistung – Umtausch – Widerrufsrecht – Garantie**

Jetzt bloß nichts durcheinanderwerfen!

Gewährleistung: Recht auf Nacherfüllung bei Mängeln. Vorsicht im B2B: „Ware unverzüglich prüfen".

Umtausch: Möglichkeit der Rückgabe, z. B. innerhalb von 14 Tagen, aus Kulanz, das heißt als freiwilliges Angebot des Verkäufers.

Widerrufsrecht: Dies gilt z. B. für Käufe im Internet, da diese unter die Fernabsatzverträge fallen, bis zu 14 Tage nach Vertragsschluss. Es gilt nicht in stationären Geschäften, ebenso nicht im B2B.

Garantie: Diese gewähren Händler oder Hersteller ohne gesetzliche Grundlage.

## Zweite Chance

Liegt ein Sachmangel vor, erhebt der Kunde eine **Mängelrüge**. Wenn es sich um einen offenen Mangel handelt, hat die Mitteilung über den Mangel im zweiseitigen Handelskauf unverzüglich zu erfolgen. Der Händler muss die Waren, die er erhält, also immer auf der Stelle überprüfen.

| Offener Mangel | Versteckter Mangel |
|---|---|
| • sichtbare Schäden bei Erhalt der Ware<br>• wenn sofort erkennbar ist, dass die Ware nicht zum bestimmungsgemäßen Gebrauch geeignet ist | • Schäden, die bei Erhalt der Ware NICHT sichtbar sind<br>• wenn Eigenschaften offenbar werden, die den bestimmungsgemäßen Gebrauch nicht erfüllen |

Demgegenüber steht einem privaten Konsumenten die gesamte Zeit der Gewährleistung zu, also zwei Jahre. Hierbei gilt jedoch die Beweislastumkehr: In den ersten 12 Monaten nach dem Kauf muss der Verkäufer beweisen, dass die Ware beim Kauf frei von Mängeln war. Danach liegt die Beweislast beim Käufer. Nun muss dieser belegen, dass der Fehler bereits beim Kauf existierte.

Die Bearbeitung einer Reklamation sieht ein zweistufiges **Nacherfüllungsrecht** vor. Der Verkäufer kann zwei Mal den Versuch starten, die Ware **nachzubessern** oder einen **Ersatz** zu liefern. Erfüllt das Produkt dann immer noch nicht das Kriterium des bestimmungsgemäßen Gebrauchs, hat der Käufer das Recht auf **Preisminderung** oder **Rücktritt vom Kaufvertrag**, was bedeutet, dass er sein Geld zurückerhält.

Im Beschwerdemanagement kommt es darauf an, den Fall korrekt zu bearbeiten und rechtssicher zu handeln.

*Nachgefragt!* Für wen gilt das Widerrufsrecht? Es gilt ausschließlich für private Verbraucher. Und: *Wer zahlt eine Beschädigung der Ware oder den Verlust der Ware bei einer Rücksendung im Zusammenhang mit einem Widerruf?* Antwort: Der Verkäufer. Der Unternehmer trägt bei Widerruf die Gefahr der Rücksendung (BGB § 355 Abs. (3)). Dies ist auch der Fall, wenn der Verbraucher die Rücksendung auf seine Kosten veranlasst hat.

# Auftragsprozess

EPK

## Probleme über Probleme

Die Auftragsabwicklung verläuft nicht immer störungsfrei. Schon bei der Bestellung kann einiges schiefgehen, wenn die Überprüfung des eingehenden Bestellformulars nicht sorgfältig durchgeführt wird. Ebenso sind die korrekte Behandlung der Auftragsbestätigung und der richtige Umgang mit den AGB von Bedeutung. Auch die Planung der Produktion, der Kommissionierung oder der Logistik birgt Tücken. Probleme können den Service, die Qualität, die Zeit oder den Preis betreffen.

Eine ereignisgesteuerte Prozesskette (EPK) verbildlicht die einzelnen Geschäftsprozesse, in denen Störungen auftreten können:

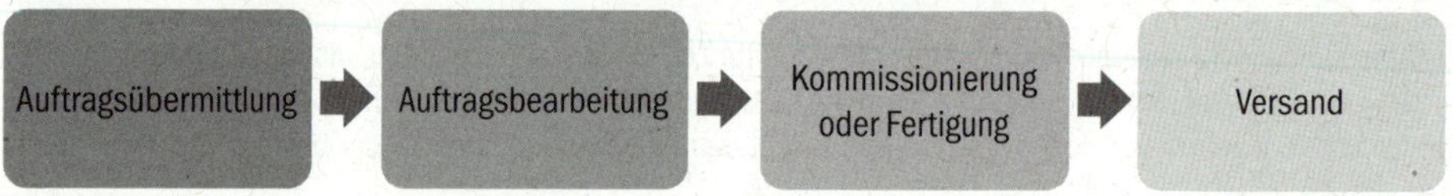

# Problemanalyse Service

GAP-Modell



## Kein Mut zur Lücke

Probleme im Bereich Service entzünden sich oft an den Erwartungshaltungen der unterschiedlichen Parteien. Ein gängiges Instrument zur Analyse der Servicequalität ist ein GAP-Modell. Aus dem gesamten Modell sind im Folgenden fünf Spannungsfelder, die als Gaps bezeichnet werden, herausgestellt, in denen immer wieder Problematiken zu beobachten sind. Je größer das Missverhältnis zwischen der Erwartung an eine Leistung und der wahrgenommenen Leistung, umso weniger zufrieden ist der Kunde.

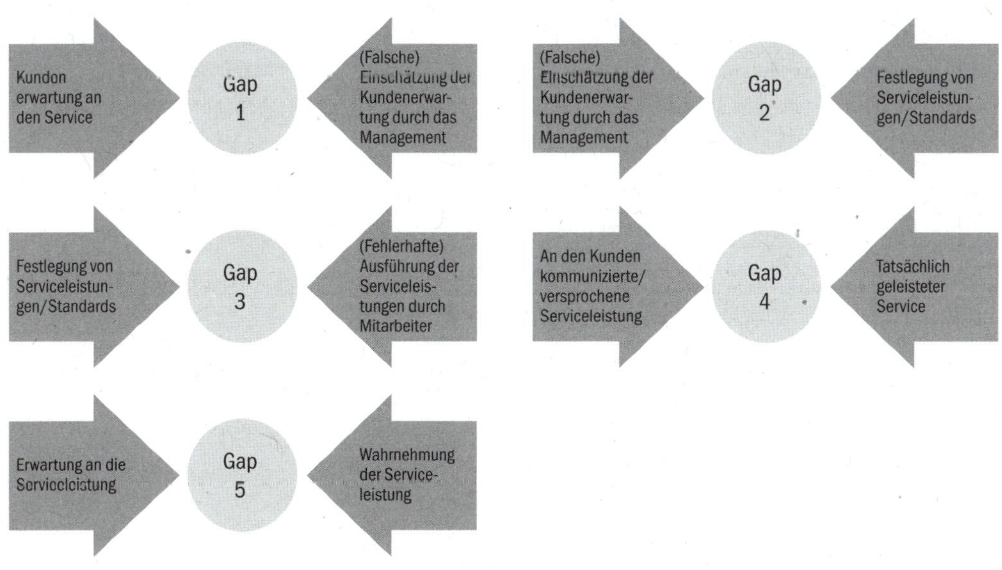

# Problemanalyse

GAP-Modell

## Missverhältnis

Das Gap-Modell legt Diskrepanzen auf verschiedenen Ebenen offen und entlarvt die Lücken im Service. Es besteht aus einem Fragenkatalog, um diese Stellen genau zu identifizieren.

Gap 1: Kundenerwartung ⟷ Meinung über Kundenerwartungen durch das Management

Der erwartete Service beruht auf Empfehlungen, persönlichen Bedürfnissen und bisherigen Erfahrungen. Stimmt diese Erwartung des Kunden mit dem überein, was das Management denkt, was der Kunde will?

Gap 2: Meinung über Kundenerwartungen durch das Management ⟷ vorgegebenes Qualitätsziel

Stimmt das, was das Management denkt, welche Erwartungen der Kunde hat, mit den Normen für die Servicequalität überein?

Gap 3: vorgegebenes Qualitätsziel ⟷ Qualität der tatsächlichen Leistung

Stimmen Normen und tatsächliche Qualität überein?

Gap 4: Umsetzung der Dienstleistung ⟷ Information, die der Kunde zuvor über diese Dienstleistung erhalten hat

Was hat der Dienstleister versprochen? Hat er sein Versprechen gehalten?

Gap 5: Kundenerwartung ⟷ tatsächliches Erleben der Leistung

Konnten die Erwartungen, u. U. auch nur teilweise, erfüllt werden?

## Mangelhafte Ware

Die Reklamationsquote zählt zu den wichtigen Kennzahlen der Kundenzufriedenheit: Es gilt, je weniger Reklamationen, umso zufriedener die Kunden. Sie kann für eine gesamte Produktpalette, für einzelne Produktgruppen oder einzelne Lieferungen zu Rate gezogen werden. Dazu wird die Anzahl der reklamierten Produkte x 100 gerechnet und dann durch die Anzahl aller Produkte in einem bestimmten Betrachtungszeitraum, zum Beispiel pro Monat, geteilt. Werden in der *Lampen Himmel GmbH & Co. KG* 4 von 100 Lampen reklamiert, liegt die Reklamationsquote bei 4.

Häufig ist es sinnvoll, die Reklamationsquote nicht als alleiniges Kriterium heranzuziehen, sondern weitere **Gründe** für Rückgaben in einer Auswertung zu berücksichtigen, wie:

- mangelhafte Ware
- falsche Liefermenge
- falsche Ware
- falsche Kennzeichnung der Verpackung
- Kosten-Nutzen-Relation (Erkennt ein Verkäufer eine nicht berechtigte Reklamation aus Kulanz an, ist im Einzelnen zu klären, ob dieser Vorfall in die Reklamationsquote einfließt.)

Darüber hinaus ist zu berücksichtigen, dass nicht jeder Kunde, der ein Produkt reklamiert automatisch unzufrieden ist. Zuweilen trifft das Gegenteil zu, ein Kunde, dessen Problem ein Mitarbeiter entgegenkommend und freundlich gelöst hat, ist umso zufriedener.

# Problemanalyse

Qualitätsmanagements • ISO 9001

## Probleme professionell aufspüren

Die Überwachung der Qualität ruht in vielen Unternehmen auf der ISO 9001. Diese Norm ist eine Zertifizierung des Qualitätsmanagements, das als Mindestanforderung einen Qualitäts-Rahmen um die Prozesse eines Unternehmens legt. Mithilfe eines professionellen Systems sind Probleme genau zu identifizieren, da es Transparenz schafft.

Darüber hinaus profitiert ein Unternehmen von geklärten Zuständigkeiten, klaren Verantwortungsbereichen, geregelten Strukturen, festgelegten Arbeitsabläufen und der Klärung der Führungsverantwortung. In einem QM-Handbuch kann für die Mitarbeiter alles festgehalten werden. Der Vorteil eines Qualitätsmanagements liegt in der Offenlegung der Stärken und Schwächen einer Organisation, so dass diese aus Fehlern lernen kann. Als Zertifizierungsstellen kommen beispielsweise TÜV, DEKRA oder DVS ZERT e.V. in Frage.

*Nachgefragt!* Welche Ziele verfolgt das Qualitätsmanagement?

- Kosten senken
- Prozesse und Produkte verbessern
- Besseres Arbeitsklima herbeiführen
- Fehlern vorbeugen
- Optimierung der Kundenkommunikation
- Kundenzufriedenheit erhöhen
- Kundenbindung

# Problemanalyse Qualität

EFQM-Modell • Grundprinzipien • Bewertungskriterien

## Immer einen Schritt besser werden

Die *Lampen Himmel GmbH & Co. KG* verzeichnete vor einigen Jahren eine immer schlechter werdende Auftragslage. Als sich die Verhältnisse nicht verbesserten, sah die Situation der Firma immer kritischer aus. Die Geschäftsführung beschloss zu diesem Zeitpunkt, ein EFQM-Modell der European Foundation for Quality Management einzuführen. Einige Monate später stieg die Kundenzufriedenheit. Es ging bergauf. Seitdem findet eine kontinuierliche Selbstkontrolle und Bewertung der Tätigkeiten und Ergebnisse statt und Schwachstellen sind schnell offensichtlich.

EFQM **Bewertungskriterien** nach der sogenannten RADAR-Logik:

**R**esults: zu erzielende Ergebnisse festlegen
**A**pproach: fundierte Vorgehensweise planen, entwickeln und integrieren
**D**eployment: Umsetzung, zügige Einführung und systematische, angemessene Verwendung
**A**ssessment: Bewertung, Messung, Lernprozesse aktivieren
**R**efinement: Verbesserung im Einzelnen und Gesamten

Die acht **Grundprinzipien**:

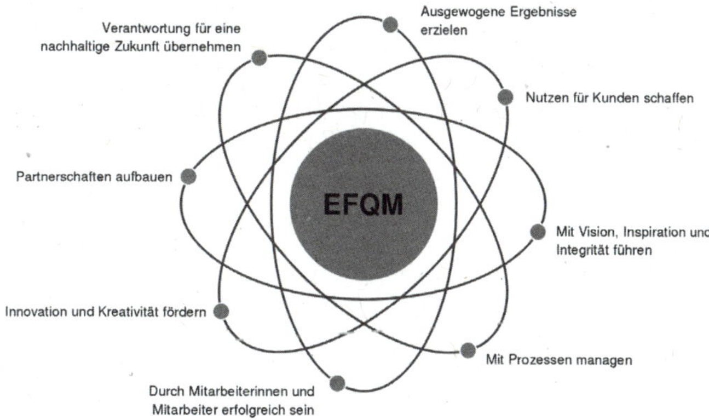

# Problemanalyse

Beschwerdemanagement-Prozess • Lösungen

## Es gibt für alles eine Lösung

Probleme mit der Qualität, in Prozessen, mit dem Service, mit fehlerhaften Rechnungen oder unpünktlichen Lieferungen – alles lässt sich lösen, wenn die Probleme einmal identifiziert sind. Dafür muss ein Unternehmen sich auf Qualitätsmanagementsysteme oder Beschwerden einlassen und sie als Gelegenheit für Verbesserungen begreifen. Hannah hat eine Zeit gebraucht, um diesen Ansatz zu verinnerlichen, aber mittlerweile geht sie gelassen an jede Beanstandung heran und trägt auch in Teamsitzungen kreative Lösungsvorschläge zu Prozessoptimierungen vor.

### Teil 1 – Probleme in internen Prozessen

Genau wie von Hannah, wird auch von Lea, Kevin und Emir die aktive Beteiligung an der Identifizierung von Schwachstellen und die Unterstützung zur Optimierung der Abläufe eingefordert. Die Azubis fertigen Ist-Aufnahmen der Prozesse an, die sie in Ablaufdiagrammen oder einer EPK (= ereignisgesteuerte Prozesskette) darstellen. Im Rahmen eines betrieblichen Vorschlagswesens oder in Team-Besprechungen tragen sie zu Verbesserungen bei. Grundsätzlich gilt für die Kommunikation während einer Auftragsabwicklung: Zeitnaher Informationsfluss, sobald Probleme absehbar sind oder entstehen, rechtzeitige Kontaktaufnahme zum Kunden, alle an der Auftragsbearbeitung beteiligten Personen informieren.

### Teil 2 – Probleme mit Kunden

Wenn Schwierigkeiten vonseiten der Kunden an das Unternehmen herangetragen werden, setzt der **Beschwerdemanagement-Prozess** ein. Voraussetzung ist eine erreichbare Anlaufstelle, wo ein Kunde sich überhaupt beschweren kann, das heißt, der Weg zu einem Mitarbeiter muss frei sein, über eine Hotline, per E-Mail oder Fax.

Mögliche **Gründe** für Beschwerden:

- Terminuntreue
- Preisgestaltung
- fehlende Informationen, bzw. unzureichende Kommunikation
- keine Erreichbarkeit
- Unfreundlichkeit
- mangelhafte Ware ⇨ Reklamation
- Nicht-Rechtzeitig-Lieferung und Nicht-Lieferung
- fehlerhafte Rechnungsstellung
- Unzufriedenheit, obwohl die Ware einwandfrei ist

Ein aufgebrachter Kunde kann eine echte Herausforderung sein. Fühlt er sich jedoch verstanden und gelingt der Kunstgriff, seine Stimmung von Ärger in Freude zu verwandeln, bleibt er ein loyaler Partner. Wird sein Problem nicht gelöst, ist dieser Kunde für immer verloren. Das Beschwerdemanagement urteilt aus diesem Grund im Zweifel für den Kunden. Kundenfreundliche Kommunikation ist geprägt von Freundlichkeit und Offenheit statt Ablehnung, Schuldzuweisung oder Besserwisserei. Jede Situation ist anders und erfordert flexibel abzuwägen, welche Lösung die richtige ist.

## Problemlösungen

Bei einer Beschwerde muss ein Mitarbeiter sofort handeln. Einer oder mehrere der folgenden Punkte stehen auf dem Notfallplan:

- eine Entschuldigung
- die umgehende Bearbeitung, z. B. sofortige, bevorzugte Auslieferung der Ware
- Kulanz
- Abwägen von Warenwert und Kulanz (Kosten-Nutzen-Analyse)
- Kundenwert beurteilen: Soll der Kunde gehalten werden?

# Problemanalyse

Direkter Beschwerdemanagementprozess

## Was ist los?

Der Beschwerdemanagementprozess schlägt zwei Richtungen ein: ein Weg führt nach innen, einer nach außen. Der direkte Beschwerdemanagementprozess befasst sich mit der Kundenbindung, der indirekte mit der internen Qualitätssicherung.

**Direkter Beschwerdemanagementprozesses***

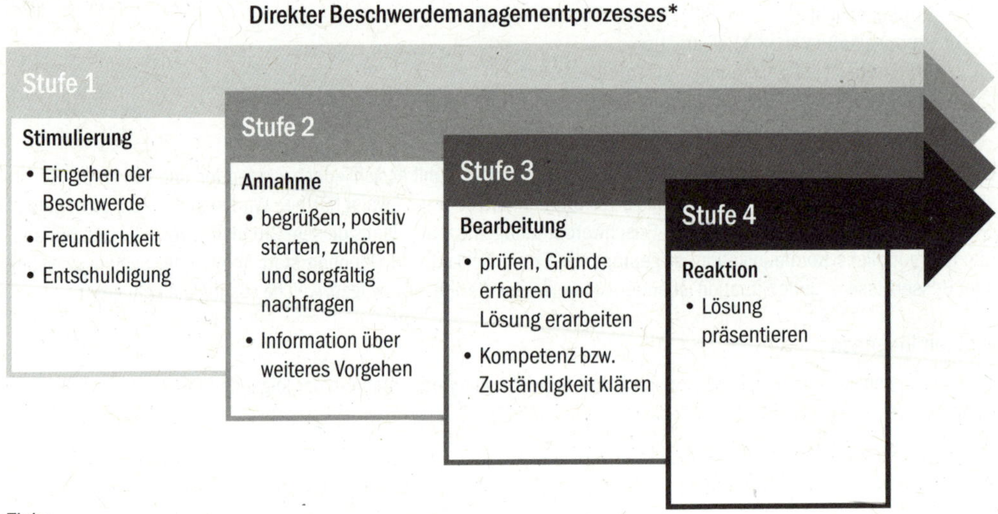


Ziele:
Verständnis für die Sichtweise des Kunden erhöhen
⇨ Verbesserung der Zusammenarbeit
⇨ flexible Lösungen entwickeln

## Alles wird besser

Der direkte Beschwerdemanagementprozess wird vom indirekten Beschwerdemanagementprozess begleitet und liefert Erkenntnisse für innerbetriebliche Prozesse.

**Indirekter Beschwerdemanagementprozesses***

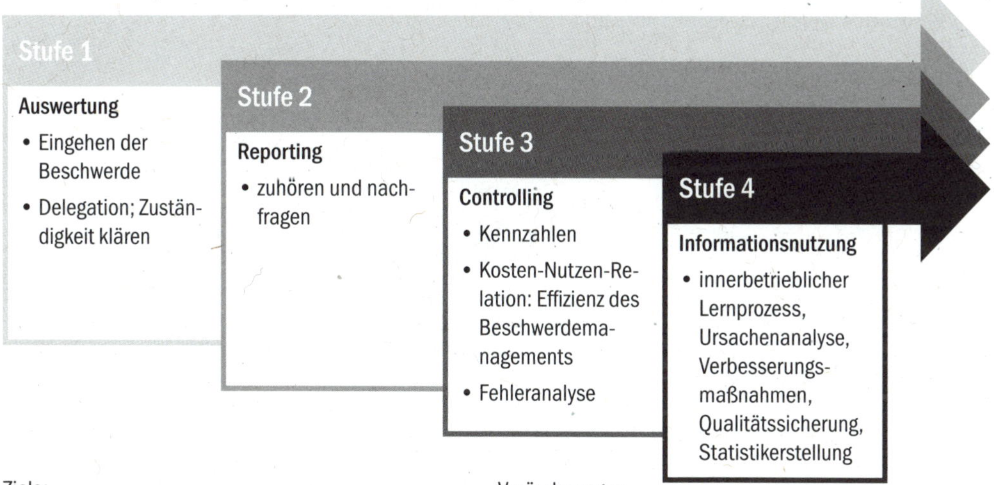

**Stufe 1**

**Auswertung**

- Eingehen der Beschwerde
- Delegation; Zuständigkeit klären

**Stufe 2**

**Reporting**

- zuhören und nachfragen

**Stufe 3**

**Controlling**

- Kennzahlen
- Kosten-Nutzen-Relation: Effizienz des Beschwerdemanagements
- Fehleranalyse

**Stufe 4**

**Informationsnutzung**

- innerbetrieblicher Lernprozess, Ursachenanalyse, Verbesserungsmaßnahmen, Qualitätssicherung, Statistikerstellung

Ziele:
Probleme und Missstände ans Tageslicht bringen
⇨ Probleme lösen und Missstände beseitigen

Veränderungen
⇨ Weiterentwicklung
⇨ Vorwärtskommen
⇨ Abheben von der Konkurrenz

*(nach dem Modell des Professors für Dienstleistungsmanagement Dr. Dr. h.c. Bernd Stauss und Beschwerdemanagement-Experte Wolfgang Seidel)

# Kosten-Nutzen-Analyse

Kosten • Nutzen

## Kosten gegen Nutzen

Welche Kosten habe ich? Welchen Nutzen habe ich? Das sind die zwei zentralen Fragen, die sich ein Unternehmer mit einer **Kosten-Nutzen-Analyse** stellt. Was wiegt schwerer: Die Höhe der Kosten, die ein Problem bzw. dessen Lösung verursacht oder der ausbleibende Nutzen, den der fehlende Kunde bringt? Diese Frage klärt die Kosten-Nutzen-Analyse, indem sie Kosten und Nutzen gegeneinander abwägt und offenlegt. Sie klärt, ob ein bestimmter Aufwand das Ergebnis einer Beschwerde-Situation rechtfertigt oder nicht.

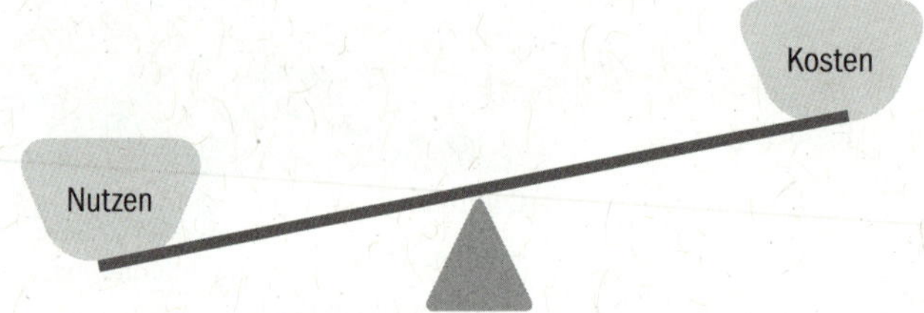


Kosten-Nutzen-Analysen sind in unterschiedlichen Bereichen möglich. Jede Analyse trifft ihre eigene Aussage. Auf Projektebene sind für einen aussagekräftigen Vergleich alle Kosten in die eine Waagschale und alle nutzbringenden Werte in die andere Waagschale zu legen.

**Kosten**: Personalkosten, Materialkosten, Energiekosten, Transportkosten oder Kosten für Versicherungen und Marketing. Oder Kosten, die Umstrukturierungs-Maßnahmen verursachen. Oder Verluste, die eine Einführungsphase einer Neuerung mit sich bringt, weil Mitarbeiter langsamer arbeiten oder das Geschäft nur zähfließend läuft.

Der **Nutzen** kommt in die andere Waagschale: zu erzielende Umsätze, Einsparungen, z. B. Zeit in Form von Arbeitsstunden, kürzeren Arbeitswegen oder schnellerer Kommunikation, zu erwartende Zinsen, eine geringere Fehlerquote, gewinnbringende Folgegeschäfte und glücklichere Mitarbeiter und Kunden.

## Entscheidungen für die Wirtschaftlichkeit

Ein Beispiel: Kevin kauft seine T-Shirts regelmäßig in einem großen Bekleidungskaufhaus ein. Ein gerade gekauftes Shirt im Wert von 9,95 Euro gefällt ihm nun doch nicht und er nutzt das Angebot des Kaufhauses „Geld zurück bei Nichtgefallen“. Das Kaufhaus nimmt den Verlust von 9,95 Euro hin. Demgegenüber steht, dass Kevin Stammkunde bleibt und auch zukünftig den größten Teil seiner Kleidung genau bei dieser Kette kaufen wird, er also weiterhin Umsatz bringt. Damit ist sein Nutzen langfristig größer als die Kosten des Umtauschs. Die Entscheidung war folglich **wirtschaftlich**.

## PRAXIS Übung 31

Emir muss eine Kosten-Nutzen-Analyse erstellen. Es geht um Folgendes: Die 10 Mitarbeiter der *Second Sight Ltd.* sollen eine dreitägige Software-Schulung besuchen, um Arbeitsabläufe zu beschleunigen, die Fehlerquote zu senken und Kommunikationswege zu verkürzen und somit die Wirtschaftlichkeit des Unternehmens zu steigern. Nach der Schulung ist eine Einführungsphase von zwei Monaten eingeplant, die durch den Software-Anbieter betreut wird. A) Lohnt sich die Maßnahme? B) Ab wann lohnt sich die Maßnahme?

| **Kosten (in €):** | | **Nutzen gesamt pro Monat (in €):** | |
|---|---|---|---|
| Schulungsgebühren pro Person | 395,00 | schnellere Arbeitsabläufe | 1.500,00 |
| Übernachtungskosten pro Person | 160,00 | Verringerung der Fehlerquote | 6.800,00 |
| Verluststunden in den ersten zwei Monaten insgesamt | 2.400,00 | zügigere Kommunikation | 900,00 |
| Kosten für die Umsetzung gesamt (= Kontrolltage des Anbieters) | 3.200,00 | | |

# Umgang mit Beschwerden

Ich-Botschaften • Aktives Zuhören

## Dreimal durchatmen

Ein Problem ist in Ruhe und sachlich zu lösen und sei der Kunde noch so aufgebracht. Kevin atmet dann dreimal tief ein und wieder aus, ruft sich währenddessen das aktive Zuhören und die Ich-Botschaften in Erinnerung und wendet sich dem Kunden offen und freundlich zu.

Beim **aktiven Zuhören** achtet Kevin darauf, nicht zu beschuldigen, zu beschimpfen, zu beschämen, abzulenken oder zu erpressen und dem Kunden keine Meinung aufzwängen. Er nimmt die Empfindung des Kunden in vollem Umfang ernst, redet sie ihm nicht aus und zieht sie auch nicht ins Lächerliche.

**Ich-Botschaften**: Um dem Kunden keinen Vorwurf zu machen, verwendet Kevin Ich-Botschaften und filtert den Punkt heraus, um den es genau geht. Im Vordergrund einer Ich-Botschaft steht immer ein eigenes Bedürfnis, nicht ein Vorwurf gegen den anderen. Zum Beispiel: Ich bin wirklich sehr ungeduldig, weil ich gleich zu spät kommen werden. Nicht: Ich bin wirklich ungeduldig, weil Sie mal wieder nicht fertig sind. Die erste Aussage bringt das eigene Bedürfnis zum Ausdruck, pünktlich sein zu wollen, die zweite wirft der Person ein Trödelliesen-Dasein vor.

Nicht jeder Satz, der mit ich beginnt, mündet in einer echten Ich-Botschaft. Vorsicht vor versteckten Du-Botschaften, die dann doch einen Vorwurf beinhalten. Die Fallen:

| | |
|---|---|
| Ich finde es nicht korrekt, dass... | bedeutet: Sie sind nicht korrekt. |
| Ich finde es inkompetent, wenn... | bedeutet: Sie sind inkompetent. |
| Ich finde es idiotisch, dass... | bedeutet: Sie sind ein Idiot. |
| Ich halte es für übertrieben, dass... | bedeutet: Sie übertreiben. |
| Ich sehe das anders. | bedeutet: Sie haben hier die falsche Ansicht. |

## PRAXIS Übung 32

Hier sind drei Situationen beschrieben, in denen Mitarbeiter typische Fehler im Kundenkontakt bei der Beschwerdebehandlung begehen.

Wie geht es besser?

| Situation | Reaktion | Bessere Reaktion |
|---|---|---|
| Ein Kunde betritt ein Geschäft und reklamiert eine Lampe, die einen technischen Defekt hat. | Sie haben die Lampe sicher falsch bedient! | |
| Ein Kunde macht darauf aufmerksam, im Beratungsgespräch anders informiert worden zu sein und jetzt sei ein Nachteil für ihn entstanden. | Nein, das haben wir so niemals gesagt, das stimmt nicht, was sie sagen. | |
| Ein Kunde ruft in einem Unternehmen an und möchte eine Terminierung für einen bereits erteilten Auftrag besprechen. | Ich kann Ihnen da auch nicht helfen. | |

# Umgang mit Beschwerden

Kundenbeziehungsprozesse • CRM

## Sinn eines CRM

Nicht nur die Einführung eines professionellen Beschwerdemanagements kann zu Problemlösungen beitragen, viele Unternehmen setzen auch auf die Integration eines Kundenbeziehungsmanagements, auch **CRM** = Customer Relationship Management genannt. Dieses setzt bereits frühzeitig ein und kann durch rechtzeitige Verbesserungen innerhalb der Unternehmensorganisation Beschwerden vorbeugen. Denn frühzeitiges Handeln ist der beste Schutz vor einem Imageschaden und finanziellen Verlusten.

Ziele des CRM:

- konsequente Orientierung an Kundenbeziehungsprozessen
- den Kunden als Individuum erkennen
- den Kunden in den Mittelpunkt rücken, nicht das Produkt
- Kundendifferenzierung (z. B. ABC-Analyse)
- niedrige Reklamationsquote
- stärkere Kundenbindung
- höherer Customer Value
- kundenorientierter, auch individuell ausgerichteter Service und Support
- zielgruppenorientierte Marketingmaßnahmen
- kurze Reaktionszeiten
- Neukundengewinnung
- Kostenreduktion
- bedürfnisorientierte statt standarisierte Lösungen

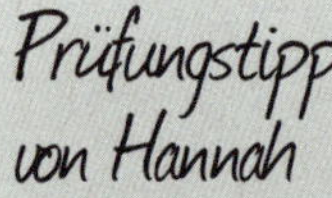


**Im Report Problemlösungen vorschlagen**

Im Berufsalltag tauchen tagtäglich Probleme auf. Wenn Du in Deinem Report betriebliche Abläufe beschreibst, wirst Du auch Probleme benennen und Problemlösungen vorschlagen müssen.

Nimm dafür Bezug auf Deinen Berufsalltag und erläutere, wie der Umgang mit Problemen in Deinem Ausbildungsbetrieb aussieht.
Du kannst anhand eines Deiner Report-Themen sicher einige Beispiele angeben. Nimm z. B. Bezug auf die Art der Kommunikation, das Qualitätsmanagement, ein CRM oder den Umgang mit Kulanz.

## Die Basis für die mündliche Prüfung

Report oder klassische Variante? Das ist die grundlegende Entscheidung, die Du fällen musst.

In der klassischen Prüfungsversion stellt der Prüfungsausschuss zu Deiner Wahlqualifikation zwei Aufgaben. Du wählst eine dieser vorgegebenen Fachaufgaben zur Bearbeitung aus, auf die sich das nachfolgende Fachgespräch bezieht. In der Reportvariante reichst dagegen Du in Form der Reporte die Themen ein. Zu jeder Deiner Wahlqualifikation einen. Einer davon wird dann die Ausgangssituation für das Prüfungsgespräch.

Die Reporte sollen sich auf tatsächlich durchgeführte, nicht routinemäßige Fachaufgaben beziehen. Sie beinhalten komplexe Themen, die Handlungsabläufe dokumentieren und eigene Entscheidungsprozesse darstellen. Viele der Übungen aus diesem Heft wirst Du angepasst an deine reale Arbeitssituation als Bausteine verwenden können.

Der Aufbau der Reporte entspricht dem folgenden Schema:
→ Aufgabenstellung: die gewählte, oder vom Vorgesetzten beauftragte, betriebliche Aufgabe beschreiben
→ Planung: erläutern, welche Informationen zu besorgen sind und welche Vorbereitungen erforderlich waren
→ Durchführung mit Begründung: Vorgehen mit Für und Wider begründen
→ Kontrolle: abschließende Betrachtung, Probleme beschreiben und Verbesserungsvorschläge für die Zukunft machen

Für die WQ Auftragssteuerung und -initiierung kommen alle Themenbereiche zu Auftragsinitiierung, Auftragsabwicklung, Auftragsabschluss und Auftragsnachbereitung in Frage.

Bereite dich auch über den Report hinaus gut vor. Der Prüfungsausschuss verwendet die betriebliche Fachaufgabe als Ausgangssituation und stellt weiterführende Fragen aus allen Themenbereichen der WQ.

Der formale Aufbau für den Report ist so vorgeschrieben:

- Deckblatt
- DIN A4, drei Seiten sind nicht zu überschreiten
- einseitig beschrieben, fortlaufende Seitennummern, Deinen Namen auf jeder Seite vermerken
- Ränder 2,5 Zentimeter, Schriftart: Arial, Schriftgröße: 11, Text 1,5-zeilig
- ohne Anlagen

## Deine Notizen

# Lösungen

## Übung 1

| | |
|---|---|
| Worum geht es hier? | Ohr: Sachverhalt |
| Was ist mit dem Kunden? | Ohr: Selbstoffenbarung |
| Was soll ich machen? | Ohr: Appell |
| Wie spricht er mit mir? | Ohr: Beziehung |

## Übung 2

Guten Tag, kann ich Ihnen helfen? → Ja-Nein-Falle
Besser: Guten Tag. Mit welchen Wünschen kommen Sie zu uns? = offene Frage

Ich weiß nicht genau, ob die Bedienung des Produkts so richtig ist. → Unsicherheit
Besser: Ich kenne mich mit der Bedienung des Produkts aus und kann sie Ihnen gerne zeigen. = Fachkompetenz

Sie kommen bestimmt alleine zurecht. Ich hätte auch noch etwas anderes zu tun. → Desinteresse
Besser: Ich bin ganz für Sie da. = Interesse

Können Sie das noch einmal sagen, ich habe gerade nicht zugehört. → mangelnde Konzentration
Besser: Legen Sie los, ich bin ganz Ohr.

Kennt man einen, kennt man alle. → Floskel

Unsere Produktionsmaschinen sind CNC-gesteuert und wir können einen Fräsvorschub von 0,0833 Metern pro Sekunde einhalten. → Fachchinesisch

## Übung 3:

Mögliche Antworten:

- offene Fragen zu Beginn, um nicht in die Ja-Nein-Falle zu tappen
- konzentriert zuhören
- individuelle Aussagen treffen
- aktiv zuhören
- sich in das Anliegen des Kunden einfühlen
- Gesprächspausen machen
- dem Kunden zugewandt sein
- Fachbegriffe erklären
- geduldig sein
- Alleinstellungsmerkmale aufzeigen
- Selbstsicherheit ausstrahlen
- Aufmerksamkeit
- beim Thema bleiben
- Zeitrahmen einhalten
- Fachkompetenz
- konkrete Lösungen erarbeiten
- respektvoll sein
- Einwände beheben
- Unternehmen positiv repräsentieren
- ungestörte Gesprächsumgebung

## Übung 4

**Aussage 1**:

Das Sofa *Chill-out* war vor einer Woche in der Werbung. Es ist längst ausverkauft, da hätten Sie früher anrufen müssen.

Verbesserungsvorschlag:

Das Sofa *Chill-out* ist leider bereits ausverkauft. Ich kann Ihnen aber als Alternativen die Modelle *Cloud* oder *Vista* anbieten.

**Aussage 2**:

Ich kann Ihnen keine Ware liefern, Sie haben Ihre letzten zwei Rechnungen noch nicht bezahlt.

Verbesserungsvorschlag:

Wir freuen uns, dass Sie sich für unsere Möbel interessieren und gerne bei uns einkaufen. Ich sehe jedoch, dass die letzten beiden Rechnungen noch offen sind. Vielleicht haben Sie die Zahlungsanweisung übersehen?

## Übung 5

Mögliche Antworten:

1. Private Kunden sind auf die AGB aufmerksam zu machen.
2. Die AGB müssen in einer leserlichen Schriftgröße verfasst sein.
3. Nicht erlaubt sind AGB-Bestandteile, die einen Käufer schlechter stellen als eine gesetzliche Regel.
4. Sie dürfen das Gewährleistungsrecht nicht beschneiden.
5. Die Rechte des Käufers können nur beim zweiseitigen Handelskauf ausgeschlossen oder eingeschränkt werden.
6. Die AGB werden als Bestandteil des Kaufvertrags nur gültig, wenn ausdrücklich, etwa in einem Aushang, auf sie hingewiesen wird, wenn die andere Vertragspartei die Möglichkeit hat, die AGB zur Kenntnis zu nehmen, wenn die andere Vertragspartei ihr Einverständnis mit den AGB erklärt.

## Übung 6

| Fertigungsmaterial | | 150,00 | | |
|---|---|---|---|---|
| + Materialgemeinkosten(-zuschlag) | 12 % | 18,00 | | MGK = $\frac{150{,}00 \times 12}{100}$ = 18,00 |
| **= Materialkosten** | | | 168,00 | 150,00 + 18,00 = 168,00 |
| + Fertigungslöhne | | 80,00 | | |
| + Fertigungsgemeinkosten(-zuschlag) | 43 % | 34,40 | | FGK = $\frac{80{,}00 \times 43}{100}$ = 34,40 |
| **= Fertigungskosten** | | | 114,40 | |
| **= Herstellkosten** | | | 282,40 | 168,00 + 114,40 = 282,40 |
| + Verwaltungsgemeinkosten(-zuschlag) | 5 % | 14,12 | | VwGK = $\frac{282{,}40 \times 5}{100}$ = 14,12 |
| + Vertriebsgemeinkosten(-zuschlag) | 6 % | 16,94 | | VtGK = $\frac{282{,}40 \times 6}{100}$ = 16,94 |
| **= Selbstkosten** | | | 313,46 | 282,40 + 14,12 + 16,94 = 313,46 |
| + Gewinnzuschlag | 20 % | 62,69 | | $\frac{313{,}46 \times 20}{100}$ = 62,69 |
| **= Barverkaufspreis** | | | 376,15 | 313,46 + 62,69 = 376,15 |
| + Kundenskonto | 3 % | 11,88 | | $\frac{376{,}15 \times 3}{95}$ = 11,88 |
| + Provision für Vertreter | 2 % | 7,92 | | $\frac{376{,}15 \times 2}{95}$ = 7,92 |
| **= Zielverkaufspreis** | | | 395,95 | 376,15 + 11,88 + 7,92 = 395,95 |
| + Rabatt | 10 % | 43,99 | | $\frac{395{,}95 \times 10}{90}$ = 43,99<br>395,95 + 43,99 = 439,94 |
| **Angebotspreis pro Stück** | | | 439,94 | |

20 x 439,94 = 8.798,80 €

Der Angebotspreis für 20 Schreibtische liegt bei 8.798,80 Euro.

## Übung 7

Mögliche Antworten:

Lagerkosten, Verwaltungskosten, Vertriebskosten, Personalkosten, Mieten für Geschäftsräume, Kosten zur Erstellung von Internetseiten, Kosten für das Betreiben der Internetseite, Kosten für Verpackungsmaterial, Kosten für Fahrzeuge, Zinsen, Steuern und Gebühren, Abschreibungen, Werbekosten

## Übung 8

A)

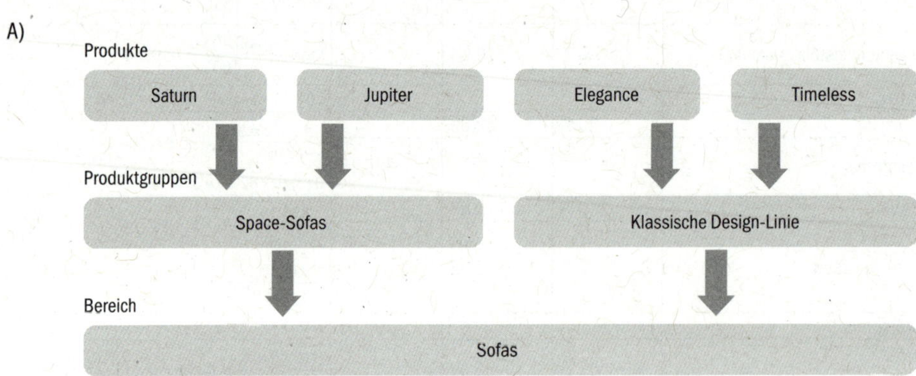

B)

| | Saturn | Jupiter | Elegance | Timeless |
|---|---|---|---|---|
| Umsatzerlöse | 630.000 | 470.400 | 679.500 | 756.000 |
| – variable Kosten | 200.000 | 150.000 | 220.000 | 280.000 |
| = Deckungsbeitrag I | 430.000 | 320.400 | 459.500 | 476.000 |
| – produktfixe Kosten | 100.000 | 90.000 | 40.000 | 50.000 |
| = Deckungsbeitrag II | 330.000 | 230.400 | 419.500 | 426.000 |
| Zusammenfassung | | 560.400 | | 845.500 |
| – produktgruppenfixe Kosten | | 320.000 | | 300.000 |
| = Deckungsbeitrag III | | 240.400 | | 545.500 |
| Zusammenfassung | | | | 785.900 |
| – bereichsfixe Kosten | | | | 25.000 |
| = Deckungsbeitrag IV | | | | 760.900 |

Aus dem Produktbereich Sofas steht für das Unternehmen ein Deckungsbeitrag über 760.900 Euro bereit, um die Fixkosten zu decken.

C) Bei der kurzfristigen Preisuntergrenze sind nur die variablen Stückkosten berücksichtigt, nicht aber die fixen Kosten. Verkauft ein Unternehmen ein Produkt kurzfristig zur Preisuntergrenze, zum Beispiel um schnell eine große Restmenge abzusetzen, deckt es damit lediglich die variablen Kosten, nicht jedoch die Fixkosten. Die „Space-Sofas" tragen mit 240.400 Euro zum Deckungsbeitrag bei, die „Klassische Design-Linie" mit 545.500 Euro. Damit bewegen sich beide Produktgruppen weit über der Preisuntergrenze, wobei die klassische Design-Linie jedoch mehr als doppelt so viel zur Deckung der Fixkosten beiträgt wie die Space-Sofas.

## Übung 9

# Lila Lounge GmbH

Lila Lounge GmbH, Arne-Jacobsen-Str. 71, 33334 Gütersloh

Bankinstitut Heller & Pfennig
Herrn Udo Zinsmann
Münzplatz 1
33334 Gütersloh

Telefon: 05241-1234
Telefax: 05241-5678
Web: www.lila-lounge.de
Mail: info@lila-lounge.de

**Kundennummer:** 204D2
**Angebotsnummer:** 17/80
**Datum:** 01.12.2025

***Angebot***

Sehr geehrter Herr Zinsmann,

vielen Dank für Ihre Anfrage. Wir freuen uns, dass Sie von der Qualität unserer Produkte überzeugt sind und unterbreiten Ihnen folgendes Angebot:

| **Bezeichnung** | **Menge** | **Einheit** | **Einzelpreis €** | **Gesamtpreis €** |
|---|---|---|---|---|
| Büroschreibtisch Moon Standard | 20 | Stück | 439,00 | 8.780,00 |
| – 10 % Rabatt | | | | 878,00 |
| = Nettowert | | | | 7.902,00 |
| Lieferung Spedition Hopp | | | | 250,00 |
| + 19 % USt. | | | | 1.548,88 |
| = Rechnungsbetrag | | | | **9.700,88** |

Bei Zahlung innerhalb von 14 Tagen gewähren wir 3 % Skonto. Das Angebot ist gültig bis zum **15.12.2025**.

Sollten Sie weitere Fragen haben, zögern Sie nicht, uns zu kontaktieren. Wir freuen uns auf Ihre Bestellung.

Mit freundlichen Grüßen

i.A.

Kevin Grabowski

*Gesellschaftsrechtliche Angaben*

## Übung 10

Fall 1

Ein Kaufvertrag ist zustande gekommen. Die Bestellung der *Bienenstock Fertighaus GmbH* ist der Antrag, die Lieferung die Annahme.

Fall 2

Ein Kaufvertrag ist noch nicht zustande gekommen. Die Auslage in einem Schaufenster gilt nur als Anpreisung an die breite Masse. Die Bestellung des Passanten Kurt Müller ist der Antrag. Es fehlt noch die Annahme durch die *Lila Lounge GmbH*.

Fall 3

Ein Kaufvertrag ist zustande gekommen. Das Angebot von Lea ist der Antrag, die Bestellung durch Großhändler Fröhlich die Annahme. „Solange der Vorrat reicht" ist eine Freizeichnungsklausel, durch die das Angebot freibleibend war.

## Übung 11

Ein rechtsgültiger Kaufvertrag kommt durch zwei übereinstimmende Willenserklärungen zustande – Antrag + Annahme

Dass die *Neumann Bauunternehmung GmbH* eine kürzere Lieferzeit fordert als Hannah im Angebot angegeben hat, stellt rechtlich gesehen einen neuen Antrag dar.

Hannah kann nun prüfen, ob die Lampen wie gewünscht bereits in 10 Tagen geliefert werden könnten. Ist dies der Fall, wird sie der *Neumann Bauunternehmung GmbH* eine Auftragsbestätigung (= Annahme) schicken, die den Kaufvertrag somit rechtsgültig besiegelt.

## Übung 12

- mögliche Gründe mit den Vertriebsmitarbeitern besprechen
- prüfen, ob der Anstieg saisonal begründet ist
- Outsourcing bzw. Fremdbeschaffung in Erwägung ziehen
- Personelle Ressourcen aufstocken

## Übung 13

A) Mögliche Antworten: Eigenpersonal, Fremdpersonal und deren Qualifikation, Maschinen, Anlagen, Räume, Material, finanzielle Mittel, Image

B) Wenn Material fehlt, ist neues zu bestellen.

Haben Maschinen Leerlaufzeiten, sind diese besser auszulasten.

Ist die Zeit zur Erfüllung der Arbeit zu knapp bemessen, ist der Zeitrahmen zu verlängern.

Bleiben wichtige Aufgaben liegen, ist neu zu priorisieren; Etablierung von Priorisierungsmodellen, z. B. der ABC-Methode oder der Eisenhower-Matrix.

Eine Erhöhung der Kapazitäten ist durch Kapazitäten-Ausgleich möglich, z. B. Aufgaben aus zeitlich ausgelasteten Engphasen in weniger ausgelastete Phasen umschichten.

## Übung 14

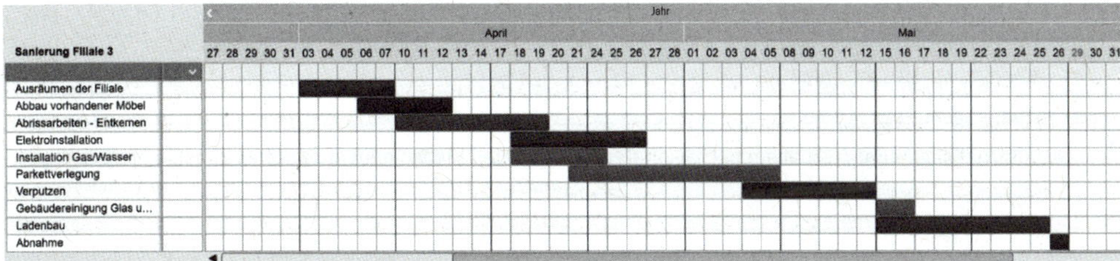


## Übung 15

A) Bei einem Mehrbedarf ist auch die Rede von Neubedarf oder Erweiterungsbedarf, der nötig wird, wenn etwa nach einer Depression die Expansion startet oder wenn die Betriebskapazität zunimmt. Darüber hinaus gibt es den Zusatzbedarf, wenn kurzfristig zusätzliche Arbeitskräfte zum Einsatz kommen, z. B. in saisonal bedingten Einsatzfeldern.

B) 180 - 150 + 5 - 2 = 33

Das Unternehmen hat zum 02.06.2025 einen Netto-Personalbedarf von 33 Mitarbeitern.

C) Läge das Ergebnis unter 0, wären zu viele Arbeitskräfte beschäftigt, die unnötig Personalkosten verschlingen. Es ist ein Personalfreisetzungsbedarf entstanden, das heißt, Mitarbeiter müssen das Unternehmen verlassen.

D)
- Zeitungsanzeigen
- Fachzeitschriften
- Internet
- branchenspezifische Foren
- Arbeitsagenturen
- Zeitarbeitsagenturen (vor allem bei saisonal zu besetzenden Stellen oder temporären Zusatzaufträgen)
- Aushänge, z. B. an Universitäten, in Supermärkten
- Job-Messen
- firmeninterne Ausschreibung

## Übung 16

Die Brauerei kann den Zusatzauftrag nicht mit den aktuellen Personalressourcen ausführen.

2 Mitarbeiter – 2 Tage à 800 Kisten = 1 600 Kisten

⇨ 800 Kisten wären noch nicht transportbereit

Für die fehlenden 800 Kisten müsste mindestens 1 zusätzliche Hilfskraft für 2 Tage eingestellt werden (alternativ könnten z. B. auch 2 zusätzliche Hilfskräfte an 1 Tag die 800 Kisten transportfertig machen).

 

## Übung 17

Bruttobedarf an Malz: 2 550 Kilo

Das Lager hält 1 000 Kilo bereit.

2 550 – 1 000 = 1 550

500 Kilo sind bereits nachbestellt.

1 550 – 500 = 1 050

200 Kilo sind bereits für die dringende Bestellung reserviert.

1 050 + 200 = 1 250

Die *PRIMA Kölsch Privatbrauerei GmbH & Co. OHG* hat ihren Sicherheitsbestand mit 1 000 Kilo beziffert.

Daraus ergibt sich ein Nettobedarf von 2 250 Kilo Malz. Diese Menge muss Lea bestellen.

## Übung 18

Teil 1: Die *Kids World GmbH & Co. KG* ist der preiswerteste Anbieter.

| Quantitativer Angebotsvergleich | *Kids World GmbH & Co. KG - Gänsefüßchen -* | | *Naturkinder GbR - Hoppesitz -* | | *Heine GmbH - Biene Maya -* | |
|---|---|---|---|---|---|---|
| | % | € | % | € | % | € |
| Listeneinkaufspreis netto pro Stück | | 129,00 | | 159,00 | | 122,00 |
| – Lieferantenrabatt | 10 % | 12,90 | 15 % | 23,85 | 10 % | 12,20 |
| = Zieleinkaufspreis | | 116,10 | | 135,15 | | 109,80 |
| – Lieferantenskonto | 3 % | 3,48 | 2 % | 2,70 | 2 % | 2,20 |
| = Bareinkaufspreis | | 112,62 | | 132,45 | | 107,60 |
| + Bezugskosten | | 10,00 | | 0,00 | | 20,00 |
| = Bezugspreis (= Einstandspreis) pro Stück | | **122,62** | | 132,45 | | 127,60 |

Teil 2:

Lösung A)

Kriterien-Tabelle: Kevin ordnet seine Informationen und trägt die Kriterien in eine Tabelle ein.

| Bewertungskriterien: | *Kids World GmbH & Co. KG<br>- Gänsefüßchen -* | *Naturkinder GbR<br>- Hoppesitz -* | *Heine GmbH<br>- Biene Maya -* |
|---|---|---|---|
| Preis pro Stück | 122,62 | 132,45 | 127,60 |
| TÜV-geprüft | ja | ja | ja |
| EU-Norm | ja | ja | ja |
| Öko-Aspekte | • Holz: FSC-zertifiziert | • Bio-Holz<br>• Oberfläche biologisch gewachst und geölt | • Holz: FSC und PEFC<br>• Buche natur |
| Reklamationsbearbeitung | • keine Reklamationsfälle bekannt | • Reklamationen werden laut Kundenmeinungen schnell und reibungslos abgewickelt | • einige schlechte Bewertungen im Online-Shop |
| Kundenbetreuung | • nur Hotline | • Persönlich und Außendienstmitarbeiter | • gute Erreichbarkeit kompetente Berater |

B) Punktbewertungstabelle: Kevin bestimmt die Gewichtung der einzelnen Kriterien. Insgesamt hat er 100 Punkte auf die 6 Kriterien zu verteilen. Dem wichtigsten Kriterium „Öko-Aspekte" ordnet er 40 Punkte zu.

Für die Bewertung vergibt er Bewertungspunkte zwischen 1 und 5. Trifft eine Aussage in besonderem Maß auf einen Anbieter zu, erhält er 5 Punkte, erfüllt er ein Kriterium ausreichend, erhält er 4 Punkte usw.

Die Bewertungspunkte sind anschließend mit den Punkten der Kriterien-Gewichtung zu multiplizieren. Der Anbieter mit der höchsten Punktzahl erfüllt die Anforderungen am besten.

| Kriterien | Gewichtung der Kriterien | *Kids World GmbH & Co. KG* | | *Naturkinder GbR* | | *Heine GmbH* | |
|---|---|---|---|---|---|---|---|
| | | Punkte 1 - 5 | Summe | Punkte 1 - 5 | Summe | Punkte 1 - 5 | Summe |
| Preis | 20 | 4 | 80 | 2 | 40 | 3 | 60 |
| TÜV-geprüft | 10 | 5 | 50 | 5 | 50 | 5 | 50 |
| EU-Norm | 10 | 5 | 50 | 5 | 50 | 5 | 50 |
| Öko-Aspekte | 40 | 2 | 80 | 5 | 200 | 3 | 120 |
| Reklamations-bearbeitung | 5 | 5 | 25 | 5 | 25 | 1 | 5 |
| Kunden-betreuung | 15 | 1 | 15 | 5 | 75 | 3 | 45 |
| **Gesamtnutzen** | 100 | - | 300 | - | 440 | - | 330 |

C) Laut Nutzwertanalyse liegt die *Naturkinder GbR* mit 440 Punkten vorn. Die ökologischen Aspekte und die persönliche Betreuung durch einen Außendienstmitarbeiter haben zu einem großen Anteil zu diesem Ergebnis beigetragen. Die Kinderhochstühle sollten bei der Naturkinder GbR gekauft werden, auch wenn der Preis über den Angeboten der beiden anderen Unternehmen liegt.

## Übung 19

| Vorteile: | Nachteile: |
|---|---|
| • Rabatt aufgrund der großen Liefermenge<br>• geringere Bezugskosten als bei Mehrfachbestellungen<br>• hohe Verfügbarkeit ⇨ sofortige Lieferfähigkeit an die Kunden<br>• Da der Einkauf zu einem relativ geringen Preis getätigt wurde, am Markt jedoch mit einem Preisanstieg zu rechnen ist, wird die Gewinnspanne voraussichtlich höher sein. | • hohe Lagerhaltungskosten<br>• hohe Kapitalbindung<br>• Risiko einer schnellen Alterung mit der Folge fehlender Nachfrage<br>• Wertverlust der „Happy Light“ bei zu langer Lagerung<br>• „Happy Light“ könnte aus der Mode kommen. |

## Übung 20:

A) 7 + (3 x 10) = 37

Der Meldebestand lautet 37. Wenn noch 37 Stehlampen des Modells „Shimmer" auf Lager sind, ist eine Bestellung auszulösen.

B) Hannah muss so viele neue Stehlampen bestellen, dass der Höchstbestand erreicht wird. Dies sind 43. Die Rechnung nach der Formel für die Bestellmenge:

50 – 7 + 0 = 43

C) Die Zeit zwischen Bestellpunkt und Lieferzeitpunkt ist die Lieferzeit.

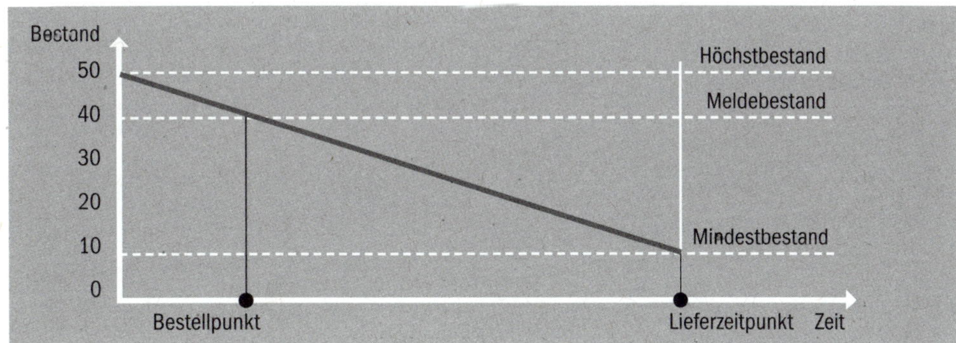

## Übung 21

Datum 21.04.2025

Sehr geehrte Frau Wolke,

wir möchten Sie an die Zahlung über 2.380,00 Euro zu unserer Lieferung vom 31.03.2025 mit der Rechnung Nr. 3456/25 erinnern.

Bitte gleichen Sie den offenen Posten aus und überweisen Sie den Betrag zzgl. der Mahnpauschale in Höhe von 40,00 Euro bis zum 30.04.2025 auf unser Konto.

Mit freundlichen Grüßen,

*Lea de Luca*

Lea de Luca

## Übung 22

A) Kevin muss grundsätzlich die rechtliche Lage zum Verzug kennen. Dann muss er
   - die rechtliche Lage prüfen,
   - den bisherigen Schriftverkehr abgleichen,
   - einen Termin für die nächste Lieferbereitschaft abfragen,
   - prüfen, ob ein anderweitiger Verkauf der Büroschränke möglich ist.

B) Die Auftragsbestätigung war notwendig, da die Steuerkanzlei in der Bestellung die Lieferzeit verändert hat und damit die Bestellung vom Angebot abwich. Erst die Zusendung der gleichlautenden Auftragsbestätigung durch Kevin war die Annahme und ein Kaufvertrag ist zustande gekommen.

C) Die *Lila Lounge GmbH* kam mit Ablauf des 08.02.2025 in Verzug. Da dies ein kalendermäßig bestimmtes Datum ist, war eine Mahnung durch die Steuerkanzlei nicht erforderlich, um den Verzug in Kraft zu setzen. Aber: Die Kanzlei hat keine Nachfrist gesetzt. Somit kann sie nicht vom Kaufvertrag zurücktreten und eine Lieferung durch die *Lila Lounge GmbH* wäre noch möglich. Anders wäre es gewesen, wenn Kevin den Liefertermin nicht „unter Vorbehalt“, sondern „fix“ festgelegt hätte – dann hätte die Kanzlei tatsächlich ohne Nachfristsetzung zurücktreten können.

D) Erste Möglichkeit: Kevin erstellt ein Antwortschreiben und weist darauf hin, dass ein Rücktritt ohne Nachfristsetzung nicht möglich ist und teilt der Kanzlei mit, dass die Büroschränke umgehend geliefert werden (diese Möglichkeit besteht, wenn die Fahrer wieder gesund sind oder Kevin ein externes Transportunternehmen beauftragen kann) + Entschuldigung!

   Zweite Möglichkeit: Die Steuerkanzlei ist ein Stammkunde, der auch zukünftig gehalten werden soll. Kevin klärt die Kanzlei freundlich über die rechtliche Lage auf und verzichtet aus Kulanz auf die Lieferung der Büroschränke. Vielleicht hat er auch eine Option gefunden, die drei Büroschränke anderweitig abzusetzen. + Entschuldigung!

E) 1. Der Kunde ist rechtzeitig zu informieren, wenn sich Liefertermine verschieben.
   2. Alle an der Auftragsbearbeitung beteiligten Mitarbeiter sind zu informieren.
   3. Die Möglichkeit, frühzeitig ein externes Transportunternehmen zu beauftragen, müsste existieren.

 

## Übung 23

Zunächst die Sollkosten bei Istbeschäftigung von 200 Einheiten:

1.000 + 6,67 x 200 = **2.334 Euro**

Nun die verrechneten Plankosten:
3.000 / 300 = 10,00 Euro/Stück (Plankostenverrechnungssatz)
10,00 x 200 = 2.000 Euro

Das Ergebnis:

Verrechnete Plankosten – Sollkosten = Beschäftigungsabweichung

2.000 – 2.334 = – 334 Euro

Die Beschäftigungsabweichung beträgt – 334,00 Euro. Das heißt, es liegt eine Kostenunterdeckung in Höhe von 334,00 Euro vor. Anders ausgedrückt: Es stehen 334,00 Euro zu wenig zur Deckung der Fixkosten zur Verfügung.

## Übung 24

A) Lea hätte die Ware unverzüglich prüfen und den Mangel rügen müssen. Mit dem Fehler in der Farbgebung liegt ein offener und kein versteckter Mangel vor. Die Druckerei ist nicht zur Rücknahme verpflichtet.

B) Lea muss die Flyer erneut in der korrekten Farbe bestellen und hoffen, dass sie rechtzeitig fertig werden.

C) Beim zweiseitigen Handelskauf (B2B) gilt: Ware immer unverzüglich prüfen.

## Übung 25

Einleitung mit Auftragsbeschreibung, Zielen und organisatorischen Bedingungen → Hauptteil mit dem Ablauf und den Ergebnissen → Schlussteil mit Fazit und gewonnenen Erkenntnissen

## Übung 26

A)

<table>
<tr><th></th><th></th><th></th><th>Vorkalkulation</th><th colspan="2">Nachkalkulation</th></tr>
<tr><td>Fertigungsmaterial</td><td></td><td>150,00</td><td></td><td rowspan="2">11 %</td><td rowspan="2">16,50</td></tr>
<tr><td>+ Materialgemeinkosten(-zuschlag)</td><td>12 %</td><td>18,00</td><td></td></tr>
<tr><td>= Materialkosten</td><td></td><td></td><td>168,00</td><td colspan="2">166,50</td></tr>
<tr><td>+ Fertigungslöhne</td><td></td><td>80,00</td><td></td><td rowspan="2">42 %</td><td rowspan="2">33,60</td></tr>
<tr><td>+ Fertigungsgemeinkosten(-zuschlag)</td><td>43 %</td><td>34,40</td><td></td></tr>
<tr><td>= Fertigungskosten</td><td></td><td></td><td>114,40</td><td colspan="2" rowspan="2">280,10</td></tr>
<tr><td>= Herstellkosten</td><td></td><td></td><td>282,40</td></tr>
<tr><td>+ Verwaltungsgemeinkosten(-zuschlag)</td><td>5 %</td><td>14,12</td><td></td><td>4,5 %</td><td>12,60</td></tr>
<tr><td>+ Vertriebsgemeinkosten(-zuschlag)</td><td>6 %</td><td>16,94</td><td></td><td>6,5 %</td><td>18,21</td></tr>
<tr><td>= Selbstkosten</td><td></td><td></td><td>313,46</td><td colspan="2">310,91</td></tr>
<tr><td>+ Gewinnzuschlag</td><td>20 %</td><td>62,69</td><td></td><td rowspan="2">20,98 %</td><td>65,24</td></tr>
<tr><td>= Barverkaufspreis</td><td></td><td></td><td>376,15</td><td>376,15</td></tr>
<tr><td>+ Kundenskonto</td><td>3 %</td><td>11,88</td><td></td><td colspan="2" rowspan="2"></td></tr>
<tr><td>+ Provision für Vertreter</td><td>2 %</td><td>7,92</td><td></td></tr>
<tr><td>= Zielverkaufspreis</td><td></td><td></td><td>395,95</td><td colspan="2"></td></tr>
<tr><td>+ Rabatt</td><td>10 %</td><td>43,99</td><td></td><td colspan="2"></td></tr>
<tr><td>Angebotspreis pro Stück</td><td></td><td></td><td>439,94</td><td colspan="2"></td></tr>
</table>

Barverkaufspreis – Selbstkosten = Gewinn ⇨ 376,15 – 310,91 = 65,24

$$\text{Gewinnsatz in \%} = \frac{\text{Gewinn}}{\text{Selbstkosten}} \times 100 \Rightarrow \frac{65{,}24}{310{,}91} \times 100 = 20{,}98$$

B) Der alte Gewinnsatz liegt bei 20 Prozent, der neue bei 20,98. Der Vergleich der Vor- und Nachkalkulation zeigt, dass mit den tatsächlich eingetroffenen Gemeinkostenzuschlagsätzen ein etwas höherer Gewinn zu erzielen ist, 65,24 Euro statt 62,70 Euro. Dies entspricht bei 20 Büro-Schreibtischen einer Summe von 50,80 Euro.

## Übung 27

A) Der Verzug setzt automatisch ab dem 25.07.2025 ein, da ein kalendermäßig zu bestimmender Tag festgesetzt wurde. Da Herr Waaß Unternehmer ist, muss keine Mahnung erfolgen, um den Verzug auszulösen.

B) Verzugszinsen und Mahnpauschale über 40,00 Euro

C) Rechnungsbetrag: 750 Euro

Prozentsatz: 1,27 % + 9 % = 10,27 %

Zinstage:

| | |
|---|---|
| Juli: | 7 Tage |
| August: | 31 Tage |
| September: | 30 Tage |
| Oktober: | 31 Tage |
| November: | 7 Tage |
| | 106 Tage |

Einsetzen in Effektivzins-Formel:

$$\frac{750 \times 10{,}27\ \% \ \times 106}{100 \times 365} = \mathbf{22{,}37\ Euro}$$

## Übung 28

1. Haben wir Ihre Erwartungen erfüllt? Ja - nein - teilweise - Erwartungen übertroffen
2. Womit waren Sie besonders zufrieden?
3. Wie ist unsere Qualität auf einer Skala von 1 - 10?
4. Was hat Sie geärgert?
5. Hat Ihnen etwas gefehlt?
6. Sind wir angemessen auf Ihre Wünsche eingegangen? passgenau - ungenau - weit entfernt
7. Bewerten Sie unsere Freundlichkeit. Sehr nett - nett - mittel - nicht nett
8. Bewerten Sie unsere Fachkompetenz. Sehr gut - gut - mittel - schlecht
9. Hatten wir ausreichend Zeit für Sie? ja - nein - nicht immer
10. Haben Sie alle Informationen erhalten, die Sie benötigten? Ja - nein - teilweise
11. Konnten wir Ihre Probleme lösen? Ja - nein - teilweise
12. Konnten wir Ihnen passende Ergebnisse liefern? Ja - nein - teilweise
13. Wir beurteilen Sie unseren Service? sehr gut - gut - mittel - schlecht
14. Wie sind unsere Zahlungsbedingungen für Sie - sollten wir etwas ändern bzgl. Zahlungsziel, Skonto, Rabatt oder Finanzierungsmöglichkeiten?
15. Wie war unsere telefonische Erreichbarkeit? sofortige Annahme - kurze Wartezeiten - lange Wartezeiten
16. Haben Sie bestimmte Wünsche für die Zukunft?
17. Würden Sie uns weiterempfehlen? ja - nein - vielleicht

## Übung 29

| Phase 1<br>Neukunde | Phase 2<br>Bestandskunde | | Phase 3<br>gefährdeter Bestandskunde | Phase 4<br>Verlorener Kunde |
|---|---|---|---|---|
| Neukunden-management | Zufriedenheits-management | Beschwerde-management | Kündigungs-prävention | Rückgewinnung |

## Übung 30

Mögliche Antworten:

- Kundenkarten, z. B. mit einem Rabatt von 5 % auf jeden Einkauf
- Gutscheine zum Geburtstag, z. B. 10 % auf den nächsten Einkauf
- Shopping-Samstage mit 20 % auf das gesamte Sortiment
- bei Internet-Shops Anmeldung zum Newsletter und Zusendung von Rabatt-Codes
- Vorteile durch Partner-Programme, z. B. Prämienauswahl nach einem Einkauf
- Reward-Programme, auch als App, um z. B. exklusive Geschenke zu erhalten
- Gewinnspiele
- Coupons
- Ausgabe von Produktproben
- Prämien für Freundschaftswerbung

## Übung 31

A) Schulungsgebühren gesamt: 395,00 € x 10 Mitarbeiter = 3.950,00 €

Kosten Übernachtungen: 160,00 € x 10 Mitarbeiter = 1.600,00 €

Die Kosten insgesamt: Schulungsgebühren + Übernachtungen + Verluststunden + Kontrolltage

3.950,00 € + 1.600,00 € + 2.400,00 € + 3.200,00 € = 11.150,00 €

Den Nutzen (= die Einsparungen, mit denen nach erfolgter Maßnahme zu rechnen ist) ermittelt Emir wie folgt: 6.800,00 € + 1.500,00 € + 900,00 € = 9.200,00 €

Somit stehen sich Kosten in Höhe von 11.150,00 € und Einsparungen von 9.200,00 Euro gegenüber und ergeben ein Resultat von – 1.950,00 Euro.

Auf den ersten Blick scheint die Schulungsmaßnahme sich nicht zu lohnen, da sich ein Minus von 1.950,00 Euro ergibt.

B) Aber: Nach Ablauf der Einführungsphase sollten die Mitarbeiter wieder in ihrem gewohnten Tempo arbeiten, so dass die Verluststunden wegfallen. Zudem ist die Einführungs-Unterstützung des Anbieters im Unternehmen beendet und auch diese Kosten sind erledigt. Schon im 2. Monat ist mit einem Plus zu rechnen. *Second Sight Ltd.* muss in Monat 2 also nur noch den Verlust der zweimonatigen Einführungsphase berücksichtigen.

Monat 2: Nutzen 9.200,00 € abzgl. des Verlusts von 1.950,00 € = 7.250,00 €

## Übung 32

| Situation | Reaktion | Bessere Reaktion |
|---|---|---|
| Ein Kunde betritt ein Geschäft und reklamiert eine Lampe, die einen technischen Defekt hat. | Sie haben die Lampe sicher falsch bedient! | Lassen Sie uns sehen, woran es liegt. Wir finden eine Lösung, entweder ein Preisnachlass, eine Reparatur oder den Austausch der Lampe. |
| Ein Kunde macht darauf aufmerksam, im Beratungsgespräch anders informiert worden zu sein und jetzt sei ein Nachteil für Ihn entstanden. | Nein, das haben wir so niemals gesagt, das stimmt nicht, was sie sagen. | Ich verstehe, entschuldigen Sie, dass wir uns missverstanden haben. Ich überprüfe das gerne noch cinmal für Sie und sehe, wie wir Ihnen entgegenkommen. |
| Ein Kunde ruft in einem Unternehmen an und möchte eine Terminierung für einen bereits erteilten Auftrag besprechen. | Ich kann Ihnen da auch nicht helfen. | Ich verbinde Sie mit meinem Kollegen, der den Auftrag bearbeitet. Er wird Ihnen helfen. |